JN041141

時代の
サービス
デザイン
「意味」の力で
新たなビジネスを作り出す

廣田章光・布施匡章

編著

井登友一・瀬良兼司・仙波真二
宗平順己・山縣正幸

著

丸善出版

編者、執筆者一覧

氏名	所属	役職	担当章
布施 匡章	近畿大学　経営学部　経営学科	教授	プロローグ、6 章、8 章
廣田 章光	近畿大学　経営学部　商学科	教授	1 章、3 章、9 章コラム、エピローグ
瀬良 兼司	京都橘大学　経営学部（※ 2021 年 4 月開設）専任講師		2 章
井登 友一	株式会社インフォバーン	取締役京都支社長	4 章、5 章
仙波 真二	近畿大学　経営学部　経営学科	講師	7 章
宗平 順己	武庫川女子大学　経営学部	教授	9 章
山縣 正幸	近畿大学　経営学部　経営学科	教授	10 章

目　次

2部　サービスデザインの実践：顧客理解

表紙、章扉イラスト　Ayaka Okubo

プロローグ

　本書のタイトルにもなっている DX（デジタルトランスフォーメーション）という言葉を目にする機会が増えている。DX とは、スウェーデンのストルターマン教授が 2004 年に提唱した概念であり、「IT の浸透が、人々の生活をあらゆる面でより良い方向に変化させる」というものである。

　すなわち、商品のデジタル化や事業プロセスのデジタル化によって産まれた新たな価値が、社会を変革し生活を豊かにすることを DX と呼ぶ。そこで必要なのは、既存システムを高速化することではなく、人々の行動の実態を可視化し、環境変化に柔軟かつ迅速に対応できる仕組みを構築することである。

　そのため、DX 時代の企業には、単に IT を導入するのではなく、人々の体験を創造し、その実現において IT をどのように活用するかを考えることが求められる。このような創造活動は、広い意味での「デザイン」と呼ばれる。

　さて、この本を手に取って頂いた皆さんは、「デザイン」と聞いて、どのようなイメージを持たれるだろうか。

　デザインとは、突き詰めれば「誰かのために何かする」こと全般を指す。理由があって選択され、完成形が存在し、計画、設計し実行する。「技」こそがデザインである。その一方で、個人の好みで感性に従って作り続ける芸術作品のことをアートと呼ぶ。

　近年、サービスデザインという言葉が、製造業、流通業、観光、教育、病院、行政の方々との会話の中に登場することが増えてきた。サービスデザインとは、文字どおりサービスをデザインすることだが、サービスとは人間活動のすべてを指す点に注意が必要である。つまり、サービスを受ける人間の体験と感情の価値を最大化するように、提供側の活動をデザインすることがサービスデザインである。

サービスデザインの有用性が高まることで、大企業や一部の先進的企業では、「UX/UIデザイナー」職の新卒採用枠が設けられている。これは、日本が直面している人口減少社会において、労働力不足によるサービスの低下を防ぐため、または、消費者視点から新規事業の立ち上げ、さらなる付加価値の向上を目指すうえで、サービスデザインを企業活動に取り入れることが重要だと考えられているからである。また、身近な社会課題を発見し解決を図るためのハッカソンやビジネスコンテストは、日本各地で毎日のように実施されるようになり、若者や学生による自分の課題を解決する起業は身近な存在となりつつある。

　日本政府においても、経済産業省・特許庁が2018年に『デザイン経営宣言』を発表し、2019年には特許庁内においてユーザーの視点から業務を見直した記録「デザイン経営プロジェクト」レポートが発表された。自治体向けには内閣官房IT総合戦略室が「サービスデザイン実践ガイドブック」を発刊し、積極的にサービスデザインを用いた業務改革を推進している。

　しかしその一方で、多くの企業や行政ではサービスデザインによる経営への関心はあるものの導入に至っていないのが実情である。新規事業開発や営業のために、従来のマーケティング手法は学び、導入しているものの、サービスデザインによる経営は行っていない組織が多い。情報技術の発展によって製品の機能を競う時代が終わり、モノ消費からコト消費へのニーズの変化を察知しながらも、業務の変革を恐れ、導入コストを問題視し、導入に踏み込めずにいる企業は数多くみられる。

　本書はそれらサービスデザインをいまだに経営、マーケティングの業務へ導入できていない企業や、行政担当者、起業を目指す学生に向けた、サービスデザインの初学者用の導入指南書である。
　本書の構成は以下のとおりである。経営やマーケティングにサービスデザインの考え方や手法をどのように活用すべきかについて、従来の思考との違いおよびその導入に焦点をあて説明をしていく。章の順に読み進める必要はなく、

下記より気になったポイントやコラムから読んでもわかるように作られている。

　また、章の扉絵は Ayaka Okubo さんによって描かれた、その章の内容のイメージである。読み始めるうえで内容を想像してから読んでいただけると、理解の一助となる。

1部　サービスデザインとは：基礎
1章：サービスデザインの全体像を理解する
　　サービスデザインの必要性や全体像、デザインのあり方について解説する。
2章：サービスの特性を理解する
　　関連するマーケティング研究を学ぶことで、サービスデザインの理解を深める。

2部　サービスデザインの実践：顧客理解
3章：体験をデザインする
　　サービスデザインの本質である体験のデザインについて、その考え方と手順を学ぶ。
4章：顧客を理解する
　　顧客から“言葉にできない”課題を引き出すためのインタビューと観察法について学ぶ。
5章：インサイトを生み出す
　　事象として得られた課題を翻訳し、新たなサービスに結びつけるプロセスを学ぶ。

3部　サービスデザインの実践：事業創造
6章：コンセプトを創る
　　課題を解決する方向性である“コンセプト”の創り方を学ぶ。
7章：アイデアを生み出す
　　コンセプトに基づいたビジネスアイデアの生み出し方とその考え方を学

ぶ。

8章：体験のプロトタイプを創る

　　実装のための試作とその事業を実施する意味、市場の存在について学ぶ。

4部　サービスデザインによる経営：発展

9章：デジタルトランスフォーメーションを理解する

　　これからの社会を表すDXにおけるサービスデザインの重要性について
　　学ぶ。

10章：サービスデザインの組織導入

　　企業にサービスデザインを導入することの意義を学ぶ。

Ayaka Okubo

近畿大学経営学部商学科卒。
デル・テクノロジーズ株式会社 クライアント・ソリューションズ統括本部
フィールドマーケティング・アナリスト。
イラストレーター。ペルソナ・クリエーター。コラムニスト。
Instagram: @ayakagram_illustration

　本書の著者の一人である布施先生は、私が所属していたゼミの指導教員である。本書の制作期間中に、教科書作りに奮闘していた先生に向かって「読者のペルソナでも作ってみたらどうですか」と軽い提案をしたら、その場でペルソナクリエイターに任命された。さらに、晴れてコラムライターにも任命され、イラストレーターにも任命され…現在に至る。

　ペルソナとは、対象となるサービスをいかにも使いそうな架空の人格のことである。顧客視点を徹底するサービスデザインにおいては、ペルソナの視点からサービスの構想や分析が行われることが多い。サービスデザインを学んだ2年間で、ビジネス案を構想するにあたり何度もペルソナを作ってきた。制作したペルソナを見比べて思うことは、自分の経験をもとにして作るペルソナのほうが、いかにも「それっぽい」ということだ。ペルソナは架空の人格であるが、自分や自分に近い人間の経験をもとに人格を構成することで、より現実味があり共感できるペルソナを作ることができる。

　コラムの最初に本書のペルソナを制作したと記したが、正確には「サービスデザインを学び始める直前の20歳の私」をペルソナにしている。基本的なプロフィールや20歳までに歩んできた人生の概略、好きなものや将来像など緻密に設定している。だが、その中でも一番重要な情報は、「ペルソナ自身のなりたい姿」と「周りの環境（今回であ

れば"大学"）に求めること」の2つである。このペルソナの場合は、「顧客に愛され続けるような製品・サービスの開発がしたい」というなりたい姿があり、大学には「自分の軸になるような専門分野の習得の援助」を求めている。例えば、このペルソナを用いると、「読み終わった後に成長を実感できる、書き込めて手元に残るサービスデザインの本」というようなコンセプトができたりする。

　以上が、本書のペルソナについての解説である。制作したペルソナによって、20歳の私や読者の方が本書を手に取ったとき、楽しみながら勉強する「体験」ができるような教科書に仕上がればいいなと思う。

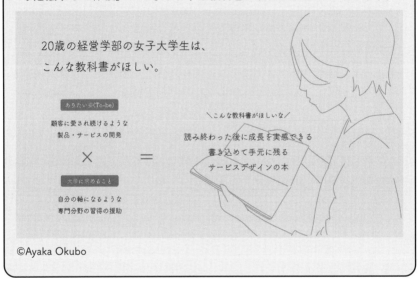

20歳の経営学部の女子大学生は、こんな教科書がほしい。

ありたい姿（To-be）
顧客に愛され続けるような
製品・サービスの開発

×

大学に求めること
自分の軸になるような
専門分野の習得の援助

＝

＼こんな教科書がほしいな／
読み終わった後に成長を実感できる
書き込めて手元に残る
サービスデザインの本

©Ayaka Okubo

1章

サービスデザインの全体像を理解する

1 はじめに

　リサイクルをしたい。しかし店舗に持ち込むあるいは、リサイクルサイトにアップするにしても手続きや梱包が面倒なため、結果、ゴミとして処分してしまう。こんな経験を持っている人は多い。リサイクルを通じて地球環境を守ることに貢献したい気持ちと、手続きの不便さにより発生する問題を解消し、リサイクルの行動を促進する仕組みが「Goedzak」（グッザック）である。この仕組みはオランダのデザイン会社「WAARMAKERS（ワーメーカー）」が開発した。「Goedzak」の意味は、オランダ語で「良い人」である。

　Goedzak の仕組みはこうだ。人々は不要なモノを専用の透明バッグに入れてゴミ収集の指定場所に置く。するとそのモノが必要な人が街を歩く途中で、この専用バッグに入った物を見つけてピックアップする。所有者にとっては捨てるしかなかったモノが、この仕組みによって必要とする人を見つけ出し、新たな使用者によって使用され続ける。この仕組み、一見、中身が見えるバッグを開発しただけに見える。しかしこの専用バッグによって中身は不要なモノであることを示すサインとなる。そして中身が不要な人と必要な人とをマッチングするための仕組みとなる。不要なモノを処分したい人々にとって、透明バッグに入れて指定場所に置くだけで、不要なモノが誰かの役に立つ可能性が出てくる。仕組みがあれば、廃棄するはずのモノを再利用したいとの気持ちを抱く

「Goedzak」
出所：Waarmakers Studio

人々も増える。そのような気持ちと行動を引き出し社会の行動を変える仕組みである。このような社会や人々の問題を発見し、問題を仕組みとして解決することがサービスデザインには求められる。

　本章ではサービスデザインの構造を、デザインのダブルダイヤモンド、デザインの5

ステップを理解する。

2 サービスデザイン

2-1 デザインとは問題の発見と創造的解決

　近年、世界各国で、そして我が国でもデザインに対する注目が集まっている。その理由として、社会環境変化と革新的な技術の登場がある。社会環境の変化とは我が国では少子化に伴う人口減少、高齢化に伴う労働者構造の変化、さらに国際的には地球環境の変化などがある。また2020年の新型コロナウィルスのような感染症の世界規模での流行発生もある。技術革新については、AI、ロボット技術、高速通信網の整備などの技術の進展によって、従来存在した実現制約は、制約でなくなってきている。グローバルな産業競争も個人単位の行動情報の収集と活用や、シェアリングエコノミーに代表されるプラットフォームを軸にした事業を創造する企業が市場を創造し、競争の主導権を獲得するようになってきた。とりわけ社会環境変化については、自社業界の顧客や競合だけのことを考えるだけでは不十分である。近年は業界以外の事象で自社の経営に大きな影響を及ぼすことが多く発生し、さらにそれらの予想が難しいことが次々と発生し、今後もこの傾向は続くことが予想されている。

　このような動向に対応するには、従来の延長線上での事業展開、行政活動などが難しくなっていることがある。情報を組み合わせ、市場を創造している企業が戦略の中心に据えているのが「デザイン」である（経済産業省・特許庁2018）。ここで言うデザインとは、デザイナーの創造活動を経営や事業開発に適用することである。

　サービスデザインにおける「デザイン」を考えることとは、人間を中心に考えることである。そのため、デザイナーは人々が活動する環境に身を置き、直感から得られた情報をもとに、実験と修正の行動を繰り返す。このような試行錯誤を通じて、人々が抱える問題を発見し、その問題を創造的に解決する。そのようなデザイナーの思考、行動は、予測が難しく不透明かつ複雑な環境にお

いて新たな可能性を見出すために活用する。

　我が国では一般的に、デザインとは色、形であり、デザインするとは、色、形を創造することだと、理解されている。そしてデザインは特定の人々だけによって行うべきものと理解されている場合が多い。デザイナー、建築家、アーティストといった人々は創造に関する才能に溢れている。そのため、それ以外の多くの人々は創造することは苦手で、才能のある人々に任せるべきだと考える。しかしこれからの社会では、1人ひとりが持つ創造能力（ケリー、ケリー 2014）を活用することを通じて、デザインの持つ力を社会全体で活用することが求められる。

2-2　デザインの企業への進展と広義のデザイン

　デザイナーは曖昧な要求に対し、スケッチ（ビジュアル化）やプロトタイピング（立体物の作成および試用）を繰り返しながら試行錯誤を繰り返す特徴がある。この試行錯誤は見えないものを見えるようにする創造行動である。見えるようにする行動には、単にモノ（製品）として見えるようにするだけでなく、人々の行動や感情も含まれる。このようにデザインには、色や形を対象とする狭義のデザインとともに、人間の行動や感情を含む広義のデザインが存在する。サービスデザインでは広義のデザインを取り扱う。

　優れたデザイナーのデザインという創造行動を企業、非営利組織、社会などの業務や活動に関わる多くの人々が日常的に使用することを通じて創造力を高めイノベーションにつなげ競争力に結びつけることがデザインの目的となる。

　1980年代から企業や行政は、CI（コーポレート・アイデンティティ）を導入した。そして、企業理念を社内、社会に広げる手法としてデザインが積極的に活用されるようになった（八重樫、安藤　2019）。その後1990年代には製品開発分野において、開発の初期段階から簡単な試作をつくるラピッド・プロトタイピングの活用が進んだ。これによって組織内コミュニケーションの促進などを通じた製品開発効率を高める（Thomke　1998）ことにつながった。

　2000年に入るとイノベーションの分野においてデザインに対する期待が高まる。デザインコンサルタント会社のIDEO、スタンフォード大学d.school、

　　　　　2　サービスデザイン

イリノイ工科大学などがデザイン思考、リーンスタートアップ、サービスデザインなど経営にデザインの知見を導入するコンセプト、思考プロセス、ツールが提案された。このような提案によって、デザイナーでない人々がデザイナーの思考を部分的に実践することが可能となり、経営分野においてデザインの活用が進むことになった。

COLUMN 1-1　**デザイン思考とデザイナーの思考**

2000年に入ると経営にデザインの持つ力を取り入れている企業が紹介され始めた（ケリー、リッドマン　2002）。そしてデザインの持つ力に注目が集まり、経営に取り入れる動きが始まった。このデザインを経営に取り入れる動きを後押ししたのが、デザイン思考である。

デザイン思考とは、優れたデザイナーの思考手順を示し、デザイナーではない人がデザイナーの思考を実現できるように思考プロセス、思考プロセスを円滑に進めるツールを体系的に示したものである。デザイン思考では、顧客すらも気づかない問題を発見する。そして新たな視点からの解決を行う。そしてそのような問題発見と解決を、顧客の価値創造、実現性、収益性を満たす解決を提示する（ブラウン2014）。

デザイン思考が注目され始めた理由として、デザイン思考が未知の領域での市場創造に効果的であることに加え、もう1つ重要な理由がある。それはデザイナーの思考法を誰もが目に見えるように（可視化）したことである。デザイナーが日常的に行う思考法は、デザイナーどうしは理解できる。しかし非デザイナーには何を注目し、どのように考えてこのような表現（スケッチ、プロトタイプ）に至ったのかを理解することは難しい。デザイン思考では、優れたデザイナーが実践する市場創造につながる社会の問題の発見と、その解決を表現するプロセスをある程度可視化することによって非デザイナーがデザイナーの思考を実現できるのである。

2-3　人間を中心に考える

　サービスをデザインすることを、我々は新しいサービスプログラムやスマートフォン用のアプリを開発することと考えがちである。しかしサービスデザインでは人間の行動をデザインする。そしてその実現のための手段としてサービスプログラム、アプリの開発を行い、さらには製品開発も行う。

　サービスデザインでは、常に人間（あるいは顧客）に焦点をあてる。人間の言動、感情を理解し、その人間の言動や感情がより良くなるための行動や感情を創造する。これらの複数の行動や感情の組み合わせが体験となる。そしてその実現のための手段が製品・サービスなのである。このような人間に焦点をあてた思考を、「人間中心の思考」（(Human Centered)（ブラウン　2014、ケリー、ケリー　2014)）と呼ぶ。人間中心の思考では、人間そのものの理解とその理解に基づいた、人間と製品との関わり、人間と人間との関わりについて創造を行う（ブラウン　2014)。これらの創造活動を通じて、新たな経験をデザインする。

　人間中心には2つの意味がある。第1に、対象とする人間を中心に思考することである。対象とする人間とは、デザインによって満足させる人々（ノーマン　2015）である。例えば、ユーザー、ターゲット顧客などを中心とした思考を行うことである。サービスデザインでは、思考のすべての局面で対象とする人々に、それも1人ひとりの「活動」に焦点をあてる。第2に、人間が持つ能力を、サービスデザインを生み出す場合に積極的に活かすことである。人々が思考を行う脳には右脳と左脳が存在し、それぞれ思考するうえでの特性がある。サービスデザインでは、論理思考、言語表現などを担うとされる左脳だけでなく、直感、非言語表現を担うとされる右脳の両方の脳を活用する。そのため、取り扱う情報も言葉や数字だけでなく、表情、行動、感覚から得られる情報をも接触的に活用する。

　人間中心デザインでは、人間のニーズ、能力、行動に注目し、そこからニーズ、能力、行動に合わせてデザインを行う（ノーマン　2015)。マーケティングでは顧客を中心にした思考を重視する（コトラー、ケラー　2014、石井2010)。そして顧客が気づいているニーズ（顕在ニーズ）と顧客も気づいてい

ないニーズ（潜在ニーズ）の両面を指している。人間中心デザインでも両者の
ニーズを対象とするが、顧客も気づいていないニーズを発見するところに重点
がおかれている。そのためニーズを捉える方法は、質問票調査などの定量調査
だけでなく、観察調査などの定性的な調査を積極的に活用する。観察調査で
は、個人に強く焦点をあてることが特徴である（ノーマン　2015）。対象とす
る人々の生活に入り込み、その背景を理解する中で、それらの人々の行動の理
解をする。そのプロセスからそれらの人々があたりまえになっている行動の中
に存在する問題を発見する。そのため現場、現物、現実の中で観察を繰り返
す。観察調査にはインタビュー（4章）をはじめ、観る、体験する活動を含む。

2-4 人間の体験をデザインする ─体験と製品・サービスとの関係

　しかし個人個人のニーズを聞き入れていれば、どのニーズに注目すれば良い
のか判断がつかなくなる場合がある。そのためデザインでは、人々の活動に注
目する。これを「活動中心のデザイン」（ノーマン　2015）と呼ぶ。人々の活
動は置かれた状況によって異なる（クリステンセン他　2017）。人々の置かれ
た状況を把握するためには、自身の体験だけで不十分である。デザインの原点
は対象とする人々の置かれた状況を、その現場で自身あるいはチームメンバー
で理解することが重要である。そこで得た対象者からの情報とともに、自身の
気づきや感覚などの情報をもとにその人間が置かれた環境と、環境に置かれた
その人間の身体的、心理的な状況を確認する。これらの情報を手がかりに対象
者が抱える問題を発見し、その問題を解決する「活動」すなわち「体験」を創
造し、その体験の実現あるいは実現を促進するための手段としてサービスを創
造する。サービスデザインでは、人々が置かれた現実の体験からより良い体験
を創造しそれを実現可能な仕組みとして提供する。その仕組みの中には、製品
が使われる場合であっても、体験を創造しその実現手段として必要な製品を創
造する。この体験をデザインするために重要な視点が、「時間軸」である。体
験とは、時間軸に沿って人々の行動や感情を創造し「物語（ストーリー）」を
展開することにある（ブラウン　2014）。

3 デザインの手順

3-1 デザインのダブルダイヤモンド

デザインのダブルダイヤモンド（The Double Diamond Model）（Design Council 2004）は、人間中心の思考を実践するために、思考を分解し手順を示したものである。ダブルダイヤモンドは英国デザインカウンシルが、11名のデザイナー、クリエイターのインタビューからデザインの手順を調査し、モデル化したのである。ダブルダイヤモンドモデルでは、人間が抱える問題の発見とその解決の2つ（ダブル）の行動でデザインプロセスを捉える。

問題発見のステップには2つのステップがある。第1に問題発見のステップである（「Discover」と呼ぶ）。対象となる人間が置かれた状況や人間の言動を観察し問題を発見する。第2に問題を定義するステップである。発見される問題は必ずしも1つであるとは限らない。多くの問題が発見される。発見された問題の中から、あるいは発見された問題を手がかりにその人間が真に解決したいと思われる問題を解決すべき問題として定義する（「Define」と呼

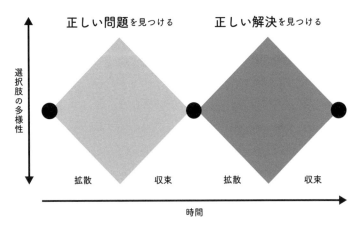

図表 1-1　デザインのダブルダイヤモンド
出所：Design Council　2004、ノーマン　2015 をもとに作成

ぶ）。この問題の定義として重要となるのが3章で説明する対象となる人間の「JOB（ジョブ）（クリステンセン他　2017）」（「仕事」）の視点によって観察、考察、定義することである。「JOB」とは対象とする人々が顕在的、潜在的に実現を望む問題が解決された体験のことである。

　問題解決にも同様に2つのステップがある。第1に定義した問題を解決するステップである（「Develop」と呼ぶ）。解決するステップは対象者に使ってもらいテストすることも含む。第2に問題を解決するサービスを対象とする人々を中心に社会に普及するステップである（「Deliver」と呼ぶ）。

　ダブルダイヤモンドの4つのステップにはそれぞれ思考の使い分けが必要となる。ここで言う思考の使い分けとは、広く多様な可能性を探る拡散思考と、可能性の中から特定の候補に絞り込む収束思考の2つの思考を意図的に切り替える。多様な可能性を探るためには、特定の視点だけでなく複数の視点を切り替え、現実を捉え、あるいは問題の解決できる可能性を探ることが必要となる。そのため、例えば対象者が活動する場所、時間、関与する人間など、特定の視点だけに偏って探索や議論が進んでいないかを確認する。そのため特定の視点によって探索、議論する時間配分を管理する。ビジネスの業務の多くは収束思考である。そのため拡散思考が必要となるステップでは、意図的に拡散することを意識する必要がある。ダブルダイヤモンドは拡散思考と収束思考を意識しながら使い分けることが必要となる。

　具体的には、問題を発見する（Discover）ステップでは拡散思考を、問題を定義する（Define）ステップでは収束思考に切り替える。さらに問題を解決するステップ（Develop）では拡散思考を、解決するサービスを社会に浸透させるステップ（Deliver）では収束思考を行う。

　ダブルダイヤモンドではもう1つ重要なことがある。この4つのステップは、この手順どおり1回ずつ実施すればサービスデザインが完成するわけではないことである。ダブルダイヤモンドでは後戻りも含めて、繰り返しステップを実施するなかで有効なサービスデザインの創造につながるのである。

3-2 拡散思考、収束思考をうまく行うツール

　人間には個々に思考のパターンが存在する。このような思考の癖はフレームと呼ばれている。フレームは思考を効率的に行うとともに、思考に偏りをもたらす。1人ひとりに存在するフレームに本人は気づかない場合が多い。そのため人間は複数のフレームを使い分けることは苦手である。思考の癖に陥らず、視点を制御するための活用できる有効なツールには、マンダラート、9ウィンドウ、6ハットがある。これらのツールは7章（「アイデアを生み出す」）で説明するアイデアを促進するツールとして活用できる。

3-3 デザイン思考の5ステップ

　デザイン思考（デザイン思考の詳細は Column 1-2 を参照）の5ステップは、共感（エンパサイズ（empathize））、定義（ディファイン（define））、アイデア（アイディエイト（ideate））、試作（プロトタイプ（prototype））、テスト（test）によって構成される。このステップを速く繰り返し行うことで複雑かつ不透明な領域における新たな課題とその解決を探索、創造をすることにつなげるのである。

　5つのステップが示されていることの第1の意義は、思考の順序を示したことにある。そしてその順序はエンパサイズがスタートになっている。これは思考の制約であげたデザイン思考を実践するうえで常に常に意識しなければならない「人間中心」の思考と結び着いている。対象とする人々の問題を創造的に発見することからスタートして、その問題を創造的かつ効率的に解決するために、このステップは有効なのである。

　さらに5つのステップが示されていることの第2の意義は、デザイン思考を身につける手がかりを提供したことである。思考法を身につけることは、すでに身につけている思考法とは異なる思考法を身につけることにある。そのためデザイン思考がどのような思考であるかを簡単に捉えることができることが必要である。そのため5つのステップを示すことによってデザイン思考を簡略的に、そして視覚的に捉えることができる。一方で5つのステップを示し

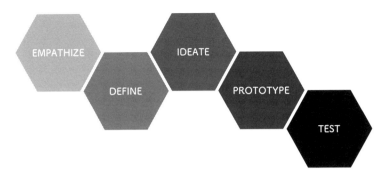

図表 1-2　スタンフォード大学　d.school　デザイン思考　5 ステップ
出所：http://dschool.stanford.edu/

たことの弊害もある。5 つのステップの存在は、デザイン思考を 5 つのステップに限定して理解されてしまう場合がある。デザイン思考を取り上げる書物、雑誌、ウェブサイトなどでは必ず紹介される 5 つのステップは、このステップがデザイン思考そのものと理解されてしまう場合が多く存在する。また、5 つのステップを実施するだけで、新たな市場の発見や、市場を創造する製品・サービスの開発につながると誤解される可能性がある。

COLUMN 1-2　　　　　　　　**デザイン思考と 3 つの思考次元**

　デザイン思考のプロセスは、スタンフォード大学 d.school で開発、使用されている 5 ステップや、IDEO による 3 ステップなどが提示されている。思考プロセスの可視化によって、デザイナーが頭の中で経験的に行っていることを、デザイナーでない人々も「デザイナーのように思考する」（ブラウン　2014）する手がかりを提供した。

　不確実、不透明の中に可能性を探り新たな創造に結びつけるデザイン思考のプロセスは試行錯誤の連続である。複雑、不透明な対象を取り扱うデザイン思考では実験アプローチを採用する。実験アプローチの要諦は「早く失敗し早く学ぶ」ことにある。

　デザイン思考では、イノベーションは 3 つの思考次元の組み合わせ

によって実現可能性が高まると考える。3つの思考次元とは、着想（インスピレーション）、発案（アイディエーション）、実現（インプリメンテーション）である（ブラウン 2014）。イノベーションは3つの次元が組み合わされて実現する。これらの次元は非直線的かつ反復的、すなわち順序は必ずしも一定ではなく、何度も発生する。着想とは、従来、指摘されていなかった問題を発見することである。

　この3つの次元をもとに、開発者が何を考え、何をすれば良いのかをモデルとして示したのが、5ステップである。デザイナーの思考は一般的に可視化されておらず、デザイナー自身の思考や行動を体系的に表現することは少ない。デザイナーの思考や行動を可視化しプログラム化した代表的なステップがスタフォード大学 d.school による5つのステップである。

3-4　5ステップとデザインのダブルダイヤモンド

　5ステップは優れたデザイナーの思考を可視化したものである。そのため、同じく優れたデザイナーの思考を示したデザインのダブルダイヤモンドが基になっている。正しい問題を発見するためのステップが共感と定義のステップである。共感では、対象とする人間の問題を発見することであり、定義のステップは、できるだけあり得る問題を見出し、その中から正しいと思われる問題を定義する。正しい（問題に対する）解決を見出すステップがアイデア、プロトタイプである。そしてテストによって正しい問題を発見し、正しい解答を見出したかを確認する。その結果に基づき問題の発見、解決について修正を行う。

3-5　それぞれのステップの役割

　第1ステップのエンパサイズは、対象とする顧客を取り巻く環境を含めて取り込み、対象とする顧客と同じレベルの感覚（共感）を獲得することにある。リサーチとは表現せず、エンパサイズ（empathize：共感）という言葉を使用する意味は、相手に棲み込み（ポランニー 2003、石井 2009）共感で

きる深いレベルまで理解することを言う。新たな顧客や課題の創造をするために、多様なメンバーとともに、多様な視点から現場に入り込み現実を観察する。この中から次のプロセスで解決課題の対象となり得る事象に「気づき」を得る。

第2ステップのディファイン（define）は、課題の選択だけではなく、その課題が生まれる要因までを含めた定義が求められる。拡散思考を求めるエンパサイズに対して、ここでは収束思考が求められる。エンパサイズのプロセスで得た「気づき」のリストから、相互の関連性、気づきの発生要因を検討することによって、顧客も意識していないような課題を探索していく。

第3ステップのアイディエイト（ideate）は定義した問題の解決案を考える。アイデアの評価は後回しにして拡散思考を使って多様、大量のアイデアを考える。そのアイデアを評価し、良いと思われるアイデアは、プロトタイプとしてアイデアを具体化して設定した問題を解決できるかを確認する。

第4ステップのプロトタイプ（prototype）は、良いアイデアを早く見つけ発展させることが目的となる。完成度の高いプロトタイプをいきなり完成させる必要はない。初期段階では紙、ハサミ、ノリ、テープ、ペンだけで形にするペーパープロトタイプや、イラスト、寸劇などを使って時間経過とともに変化する行動や感情を、素早く簡単に安価にできる方法によって表現する。

最後のステップは、テスト（test）である。対象とする人々にプロトタイプを提示し現物をもとに評価を得る。ビジュアル化された情報は顧客に企画した製品・サービスのイメージを伝え、より深い理解につなげる。

4 サービスデザインの全体像

4-1 サービスデザインの全体像

サービスデザインの全体像を示したのが図1-3である。サービスデザインの開発を進めるうえでは、サービスが中心になるのではなく、常に人間を中心に考える必要がある。そして論理的な思考と、直感や非言語を使った思考を組

み合わせる。そのためビジュアルの表現を積極的に活用し、時間にそった対象となる人間の行動や思考を体験としてデザインする。さらにこれらの思考を1人だけでなく多様なメンバーを組み合わせたチームで行う。チームで行うことによってデザインのダブルダイヤモンドで指摘されている問題発見、解決の段階において多様な可能性を発見することができる。さらに、これらのデザイン活動を5つのステップによって行う。対象とする人の活動を現地でその環境や関与する人々を含めて観察する。そしてその中から問題やその解決につながる手がかりを情報として収集する。収集した情報の中から対象となる人にとって重要である問題を定義し、その解決アイデアを考える。そしてそのアイデアを実装するための具体的なプロトタイプ（試作）を開発する。そのプロトタイプをチーム内で、対象となる人に提示することで具体的な反応や要望を引き出

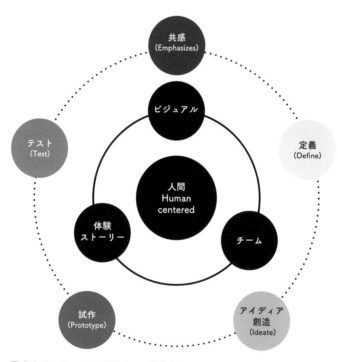

図表 1-3　サービスデザインの全体像

す。このサイクルを繰り返し行うのである。このように理解、問題発見、解決、実証を、言語と非言語（ビジュアル）を組み合わせて表現することを、多様なチームメンバーによって実行し、人々の行動、感情を体験の視点で捉え、新たな体験を創造する。

4-2 サービスデザイン6原則

最後に、サービスデザインの全体像を理解するため、サービスデザインの6つの原則をまとめておこう。

サービスデザインにおいては、人間中心、共働的、反復的、連続的、現実的、全体的の視点を常に留意する必要がある。この6つの視点を「サービスデザイン6原則」（スティックドーン　2020）と呼ぶ。

人間中心とはサービス、製品ではなく常に人間の体験を創造することである。共働的とは複数の人々と連携して行うことである。1人の人間に対するサービスに対しても多様、多数の人々との連携を考慮しなければならない。反復的とはサービスデザインは開発して終わりではないことである。そのため常に実践の中から問題を発見し、それの解決をサービスに反映することを繰り返しより良いサービスにつなげていくことである。連続的とはサービスは時間経過が考慮されることである。時間経過とともに発生する行動や感情が可視化されて統合されサービスに展開される。現実的とは現実を観察することから問題を発見し、その問題を現実に解決可能な水準でサービスを開発することである。全体的（ホリスティック）とは、サービスデザインは一時点の一部の人々や事象だけでなく、他の人々や事象との関連を確認し問題を理解し、解決することである。

5 おわりに

サービスデザインの全体像とサービスデザインに関連する理論およびサービスデザインの進め方を確認した。サービスデザインのスタートは対象となる人

を正しく理解し、それらの人が抱える正しい問題を定義することである。しかしその理解や定義を効率的に進めるための考え方や方法が存在する。本章で確認したサービスデザインに取り組むうえでの思考と手順をもとに、次章以降では具体的な考え方と方法について学ぶことにしよう。

エクササイズ

エクササイズ1

あなたが良いと判断するサービスを具体的にあげてみよう。そこにはどのような共通点があるか考えてみよう。

エクササイズ2

あなたの身の回りにある「デザイン」を見つけてみよう。その内容をポストイットに書き出し、どのような共通点があるかを考えてみよう。

エクササイズ3

エクサイズ1とエクササイズ2で得た内容が関連する本章の内容を書きだしてみよう。そこにはどのような気づきがありましたか。

さらに学びたい方へ⤵

ティム・ブラウン（2014）『デザイン思考が世界を変える』（千葉敏生 訳）早川書房。

トム・ケリー、デイヴィッド・ケリー（2014）『クリエイティブ・マインドセット』（千葉敏生 訳）日経BP社。

J・マルゴス・クラール（2015）『サービス・デザイン入門』（長谷川敦士 監訳）ビー・エヌ・エヌ新社。

2章

サービスの特性を理解する

1 はじめに

サービスデザイン思考で扱われている内容の多くは、経営学の中でも、主にマーケティング領域の研究蓄積と非常に関連がある。そこで、この章では、本書でサービスデザイン思考を学んでいくうえで、その理論的背景の1つに位置付けられているサービス・マーケティングの知見に基づいて、サービスの特性やサービス経営（Management）に関する理論やフレームワークを紹介する。

今日の国内総生産（Gross Domestic Product：GDP）に占めるサービス業の割合や就業者の割合は、7割以上にのぼっている。産業分類におけるサービス業の比重が大きくなる現象は、サービス経済化と呼ばれる。このサービス経済化に応えるため、マーケティング研究においても、1970年代から、物財（Goods）とサービス財（Services）の違いに着目した「サービス財（業）のマーケティング（Services Marketing）」に関する研究が蓄積されてきた。そこでは、物財との比較におけるサービス財の特性や、サービス財におけるマーケティング・ミックス（7Ps）に加えて、サービス・プロフィット・チェーンやサービス・マーケティング・トライアングルなどのマネジメントに関わる考え方も生まれている。

サービス研究においては、2000年代半ばからは、物財とサービス財を分けて捉えていた従来のマーケティングにおける基本的前提を見直して、財の二分法（物財とサービス財）ではなく、サービス（Service）がマーケティングにおける支配的な論理（Dominant Logic）であるとする考え方が一般的となっている。このことは、世の中のあらゆる経済活動をサービスとして捉えることを意味しており、産業分類におけるサービス業だけではなく、製造業においても、サービスが重要となっていることを示している。

2 サービスの特性

2-1 IHIP 特性

　サービス・マーケティングでは、サービス財（Services）の特性として、物財（Goods）との比較から、①無形性、②異質性、③同時性、④消滅性、の4つからなる IHIP 特性（Zeithaml et al. 1985）が広く知られている。

①無形性（Intangible）

　第1に、サービス財の最も基本的な特性として、無形性（不可触性とも言われる）がある。これは、物財のように、見たり触ったりすることが難しいという性質を指す。例えば、ヘアサロンが提供しているのは、ヘアカットやスタイリング、ヘッドスパなどであるが、これらは基本的に無形であることから、顧客は購入前にその品質を評価することが非常に難しい。

　もちろん、スタイリストが用いるハサミや櫛、鏡やシャンプー台などの設備、仕上げに使われるドライヤーやスタイリング剤などは、実際に目で見て触れることができるが、顧客が求めているニーズを考えた場合、これらの有形物（モノ）は、あくまでも補助的な位置づけとなる。

②異質性（Heterogenous）

　第2に、異質性（変動性とも言われる）である。これは、提供されるサービスの内容が異なることで品質が変動することを指す。例えば、アパレルショップの場合を考えてみよう。店舗側としては、あるスタッフが一日に10名の接客を担当したとすると、各顧客が抱えているニーズは、十人十色であり多岐に渡る。顧客側から考えた場合にも、接客担当のスタッフが、ベテランなのか新米なのかによって変わってくる。他にも、その日の天候や時間帯によっても変わってくるだろう。

　この異質性への対応として、その仕事を誰がやっても同じように行えるようにする職務の標準化や、マニュアル作成による職務の公式化がある。これら

は、モノ（物財）の品質管理を背景としており、サービスの工業化と呼ばれる取組みである。

③同時性（Simultaneous production and consumption）

　第3に、生産と消費の同時性（不可分性とも言われる）である。これは、サービスの生産と消費が基本的には同時に発生し、分けることができないということを指す。サービスの提供者である企業と享受者である顧客が、サービスを共同生産していることを示しており、サービスの生産および提供プロセスにおいて、顧客が参加することを表している。

　例えば、夏フェスやアリーナ会場での大規模なライブイベントでは、観客がコーラスに参加することで一体感を高めたり、楽曲や演者に応じた色のサイリウムを観客が点灯させたりすることがある。最近では、ライブコマースのように、Web上でのリアルタイムの宣伝を通じて、その場で購買まで結びつける取組みも行われているが、ここでも顧客の参加が欠かせない。

④消滅性（Perishable）

　最後に、消滅性（非貯蔵性とも言われる）である。これは、サービスが在庫や再販売できないことを指す。つまり、あらかじめ生産しておき、在庫することができない。例えば、その日その時間帯のフライトは、離陸してしまうと乗ることは難しい。また、ヘアサロンで切った髪に納得がいかない場合、その場で返してくれと言ったとしても、元に戻すことは難しい。

2-2 需給調整のマネジメント

　サービスの提供では、需要と供給を調整するマネジメントが求められる。需給調整の手法として代表的なものに、イールド・マネジメント（Yield management）がある。これは、需要の動向を見定めながら、販売価格や席数を調整する取組みである。実際にホテルやフライトでは、季節や曜日、時間帯によって価格が変動することが多くある。これにより、需要量を一定に均すことが期待でき、ホテルの客室稼働率やフライトの搭乗率を最大化することができ

る。これを需要の平準化という。

　他にも、飲食店において、比較的お客さんが少ない時間帯に飲み物が値下げされるハッピーアワーや、テーマパークやプロスポーツなどでも取り組まれているダイナミック・プライシングなどの手法がある。

3 　サービス・マーケティング

3-1 　マーケティング

　マーケティングとは、「顧客との関係性の創造とその維持を、企業活動を通じて実現させること」である（石井他　2013）。そのため、マーケティングは、市場をつくりだす活動として、市場調査や広告宣伝にとどまらず、さまざまな職能による連携が求められ、企業活動において重要な役割を担っている。実際に、社内外に対して全社的なマーケティングを推進させることで、ブランド構築（顧客との長期的な関係性構築）やイノベーション（持続的な競争優位）の実現に結びつくことが期待される。

　マーケティング戦略の実行においては、マーケティング・ミックスの4Psが一般的に知られている。これは製品（Product）、価格（Price）、プロモーション（Promotion）、流通（Place）の各戦略について、顧客を起点に置きながら統合させることを指す。顧客を起点として4つのPを連動させて、顧客の求める価値の形成と実現を目指し、非価格競争を通じて競合に対する優位性を築くことを組織として考える取組みは、マーケティング・マネジメントと呼ばれる。

3-2 　サービス・マーケティング・ミックス

　サービス・マーケティングでは、サービス・マーケティング・ミックスの7Psが知られている（Booms, Bitner　1981）。これは、マーケティング・ミックスの4Psに加えて、さらに①人間、②物的証拠、③プロセスという3つのP

を追加した考え方である。

①人間（People）

　まず、サービスに参加する人間である。参加者（Participant）と呼ぶ場合もある。参加者には、サービス提供者や他の顧客も含まれる。前者については、接客担当者だけではなく、それをバックヤードで支える従業員も含まれる。

　他の顧客の存在についても考える必要があるのは、利用者が増えることによって価値が高まるというネットワーク外部性が期待できるSNSなどのサービスが馴染み深いだろう。他方で、映画館でのマナー違反行為や、動画配信サービスでの悪意のあるコメントなど、他の顧客による行為が、当該顧客に対して悪影響を与えることもある。

②物的証拠（Physical Evidence）

　次に、物的証拠である。これは、サービスを提供する際に、すべての触れることのできる要素を指す。例えば、店舗の什器の配置やレイアウト、香りや音楽などがある。顧客とのタッチポイントを考える際の、有形物を活用することの重要性を示している。

　マクドナルドでは、デジタルサイネージの普及によって、時間帯ごとにメニューの切り替えが容易になっている。また、作業服や安全靴を扱っているワークマンでは、店舗の看板や店内のディスプレイを時間帯に応じてワークマンプラスという、アウトドアやスポーツウェアを扱うお店に変更させることによって、品揃えされている商品を変更することなく、時間帯ごとに、ターゲットや店舗のコンセプトを変更させている取組みを実施している。

③プロセス（Process）

　最後に、プロセスである。サービスでは、同時性という特性から、顧客がサービスの生産や提供プロセスに参加する。そのため、サービスの生産や提供プロセスを、企業と顧客の相互作用（interaction）によるプロセスとして捉えることが重要となる。

3-3 | サービスの失敗とサービス・リカバリー

マーケティングでは、一過性ではなく、顧客との関係性を構築することが目指されている。とはいえ、サービスの特性を踏まえると、サービス提供がうまく遂行できず、失敗する可能性もある。

サービスの失敗要因には、①提供プロセスや提供者の知識不足や接遇マナー、技術導入に対する体制の不備などの企業（サービス提供）側の要因、②顧客自身のミスや他の顧客による要因、③天候や自然災害・疫病などのコントロールが難しい外的要因がある。

これらサービスの失敗についての要因を踏まえた説明と誠実な謝罪によって、サービスの失敗に対応することは、サービス・リカバリーと呼ばれる。

サービス・リカバリーとして、サービスの失敗に対して適切な対応を取ることで、不満を抱えていた顧客の問題が解決され、かえってサービスに対するロイヤルティが高まるという現象は、サービス・リカバリー・パラドックスと呼ばれている。このように、サービスの提供システムを考える際には、提供して終わりではなく、外的要因のようなリスクを含め、検討しておくことが欠かせない。

COLUMN 2-1　　　　　**サービス・エンカウンター**

企業と顧客との接点（タッチポイント）は、サービス・エンカウンター（Service Encounter）と呼ばれている（Bitner et al. 1990）。エンカウンターの中でも、対人コミュニケーションをサービス・インタラクション（Service interaction）、有形物との関わりをサービス・スケープ（Service Scape）と呼ぶ（Bitner 1992）。サービスの特性からも、顧客とのインタラクションが重要となることから、顧客とのタッチポイントに関わる研究は、1990年代初頭から進められてきた。

「真実の瞬間（Moments of Truth）」とも呼ばれているサービス・エンカウンターでの取組みは、例えば、サウスウェスト航空の客室乗務員による安全機器の説明や、ディズニーの清掃スタッフであるカストー

ディアル・キャストなど、一見すると定型業務になりがちな職務に従事しているスタッフにおいても、顧客体験を向上させるために、サービス組織が重視すべき局面であることを示している。

サービス・エンカウンターにおける技術導入も増えている。例えば、銀行におけるATMや、小売店舗ではセルフレジ、ホテルやフライトではセルフチェックインなどのセルフサービス技術（Self Service Technology：SST）が導入されている（Bitner et al. 2000）。また、企業間取引においても、営業活動をプロセスで管理するために、営業担当者による直接的なフィールドセールスに先立って、Web上で顧客企業とコミュニケーションを行うインサイドセールスが拡がっている。

このように、サービス経営を考える際には、顧客とのタッチポイントを起点とした「共創の場」であるサービス・エンカウンターを支えるマネジメントが求められる。

4 サービス・マネジメント

4-1 顧客満足と顧客ロイヤルティ

サービス・マーケティングの重要な概念に、顧客満足（Customer Satisfaction）がある。顧客満足は、期待不一致（Expectation-Disconfirmation）モデルに基づいて考えられるのが一般的である。これは、顧客満足を、顧客による当該サービスに対する事前の期待と実際に知覚した品質との差で求めるモデルである。事前の期待を上まわるサービス提供を受けた場合には、顧客は満足し、期待を下まわった場合には、不満足（Dissatisfaction）となる。不満足を抱いた顧客は、離脱（Defection）してしまう可能がある。

顧客満足を高めることは、顧客ロイヤルティの向上をもたらす。ロイヤルティ（Loyalty）は、単なる忠誠心や愛着という情動的な態度だけではなく、行動に移されることで、企業の収益性（売上や利益）に貢献する。顧客ロイヤルティを行動として捉えた場合のポジティブな面としては、再購買行動やクチ

コミなどの他者への推奨行動がある。一方、ネガティブな面としては、競合他社へのスイッチ（離脱）がある。

4-2　サービス・プロフィット・チェーン

　サービス・プロフィット・チェーン（Service Profit Chain：SPC）とは、サービス組織が事業活動において、収益性をもたらす仕組みを説明したモデルである（図表2-1）。サービス組織の収益性を向上させるためには、顧客満足の実現だけではなく、サービス提供側の従業員満足を高めることが重要であることを示している。言い換えれば、従業員満足が顧客満足をもたらし、顧客満足が収益性を向上させるだけではなく、従業員満足をもたらすことを示している。

　内部サービス品質としては、職場環境のデザイン、職務のデザイン、従業員の採用や育成、従業員への報酬や承認、顧客にサービスを提供する際のツールがあげられる。内部サービス品質が高まることで、従業員が組織から公正に（fairly）扱われると感じ、職務におけるモティベーション（Task Motivation）が高まることで従業員満足をもたらす。満足した従業員は、組織に対するコミットメントやエンゲージメントを向上させる。これにより、従業員が離反することなく、生産性の向上がもたらされる。結果として、付加価値としてのサービスを実現させることが可能となり、顧客に提供する外部サービス価値の

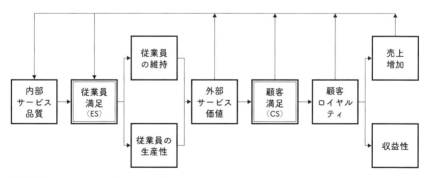

図表2-1　サービス・プロフィット・チェーン
出所：Heskett et al. (1994) をもとに作成

向上につながる。

　外部サービス価値の向上により、顧客満足の実現と顧客ロイヤルティの向上が期待される。顧客ロイヤルティが売上の成長や収益性の向上につながる理由としては、再購買行動を行う既存顧客に対するマーケティング費用の削減や、クチコミのような他者への推奨によって、既存顧客が新規顧客をもたらすことが期待できるからである。売上増加や収益性の向上によってもたらされた利益は、内部サービス品質を高める源泉として投入することが企図されている。

　とはいえ、このモデルは、その場限りの一時的な売上増大を目指すことを示しているわけではなく、企業と提供者の関係性構築が前提となる。サービスの享受者である顧客体験を過剰に意識しすぎるあまり、過度な顧客至上主義に陥り、担い手であるサービススタッフがなおざりになってしまう可能性があることには注意すべきである。

　サービスデザイン思考を人間中心設計と捉えた場合、顧客だけではなく、提供者である従業員も人間であることを忘れてはならない。

　このように、SPC は、サービス・マーケティングにおける古典的なフレームワークではあるが、顧客を起点として、提供側である従業員個人のモティベーション向上をもたらす組織のデザインを考えることの意義を示し、今日的にも有用な視座をもたらしてくれるのである。

4-3　サービス・マーケティング・トライアングル

　SPC によって、顧客だけではなく提供者である従業員にも着目することの意義を述べたが、これを端的に表すものとして、サービス・マーケティング・トライアングルがある（図表 2-2）。これは、①企業（Company）や事業（戦略的事業単位である Strategic Business Unit：SBU）、②顧客（Customers）、③サービス提供者（Providers）の 3 者の関係を示すモデルである。サービス・マーケティング・ミックスの 7Ps で述べたように、顧客には、当該顧客以外のその他の顧客が、提供者としては、従業員だけではなく、仕入や業務の委託取引企業およびアウトソーシング先などの協力企業なども含まれる。

　顧客を起点としたマネジメントを実施する際に、サービス組織が考慮すべき

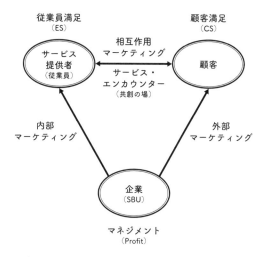

図表 2-2　逆さまのサービス・マーケティング・トラ
イアングル
（Inverted Service Marketing Triangle）
出所：Zeithamm et al. (2013) に加筆修正し作成

マーケティング活動を 3 つに分けて捉えている。これら 3 つのマーケティング活動が、顧客を起点として一貫していることが重要となる。図表 2-2 が逆さまの三角形になっているのは、従来型の階層に基づいた組織のマネジメントを担う経営層によるトップダウンではなく、あくまでも顧客経験を重視し、顧客とのタッチポイントが価値共創の起点であるからである。顧客とサービス提供者に対して、企業から下支えする形で、2 つの矢印が伸びていることが特徴となる。片方の矢印は、顧客に向けて伸びている。

　1 つ目は、外部マーケティング（External marketing）である。これは、製造業における伝統的なマーケティング活動として捉えられる。市場調査によって顧客から情報を取集し、それを製品・サービスやサービスを通じて顧客価値を実現させていくマーケティング・マネジメントを表している。

　2 つ目は、内部マーケティング（Internal marketing）である。ここでは、従業員も顧客とみなす。実際に、採用、育成、動機づけ、報酬、設備や技術の供給などの活動があげられる。顧客と同じように従業員の獲得段階である採用活

動では、入社前の理想と入社後の現実とのギャップによるリアリティショック
による離職をなくすために、リアリスティック・ジョブ・プレビュー（Realis-
tic Job Preview：RJP）に基づいたインターンシップが実施されている。

　3つ目が、相互作用マーケティング（Interactive marketing）である。これ
は、Column 2-1で述べたサービス・エンカウンターにおけるマーケティング
活動を指しており、双方向は、提供者と顧客による価値の共創と、それによる
関係性の構築を示している。このことから、関係性マーケティング（Relation-
ship marketing）とも呼ばれる。

5 サービス・ドミナント・ロジック

5-1 財からサービスへ

　物財（Goods）とそれ以外としてのサービス財（Sevices）という財の二分法
で捉えられたサービスが、近年では、サービス（service）を中心に捉える考え
方である「サービス・ドミナント・ロジック（S-D ロジック）」にシフトして
いる。*Journal of Marketin* 誌において、S-D ロジックに関する論文（ラッ
シュ、バルゴ　2014）が掲載されて以降、サービス研究における共通基盤と
なっている。

　一次産業と二次産業に対して、それ以外を三次産業（サービス業）と呼ぶよ
うな、従来のモノ中心的な論理は、グッズ・ドミナント・ロジック（G-D ロ
ジック）と呼ばれている。G-D ロジックでは、製造された製品に焦点が置か
れている。

　図表 2-3 からもわかるように、S-D ロジックには、サービス財（Services）
という概念がない。あくまでも Services は、G-D ロジックの派生概念として
いる。

　S-D ロジックでは、世の中のあらゆる経済活動をサービスとして捉える。
S-D ロジックにおけるサービスの定義は、「他者あるいは自身の便益のため
に、行動やプロセス、パフォーマンスを通じて、自らの能力（知識やスキル）

グッズ・ドミナント・ロジック（G-D ロジック）

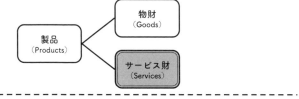

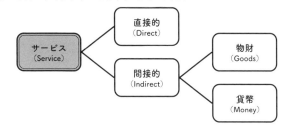

図表 2-3　G-D ロジックにおけるサービス財と S-D ロジックにお
　　　　 けるサービス
出所：ラッシュ、バルゴ（2014）をもとに作成

を活用すること」である。そのため、S-D ロジックではサービスを、財のような産出されるアウトプットではなくプロセスとして捉えている。これは、企業が市場に提供しているのは、製品それ自体ではなく、企業がもつ知識やスキルという資源に価値を見出すということを示している。

　S-D ロジックにおける資源は、オペランド資源（Operand Resource）とオペラント資源（Operant Resource）という 2 つに分けられる。

　オペランド資源とは、一般的に静的なもので、価値を提供するには行為が施される必要のある資源である。例えば、天然資源をはじめとして、物財として扱われる有形なモノである。オペランド資源には、便益をもたらすにはそれらに何らかの働きかけをする別の資源を必要とする。それが、オペラント資源である。オペラント資源とは、価値を創造するために他の資源に行為を施すことができ、資源を活性化するための資源である。オペラント資源で最も明確な例としては、人間の能力（知識とスキル）があげられる。

5-2 S-D ロジックの特徴

ここでは、S-D ロジックを考えるうえで大切な 4 つのポイントを確認していこう。

①サービスが交換の基本的基盤

第 1 は、「サービスが交換の基本的基盤である」というものだ。モノはサービス提供のための伝達手段（装置）として位置づけられる。すべての企業はサービス・ビジネスを行い、あらゆる経済がサービス経済であると考えられている。

②価値共創

第 2 は、「顧客は常に価値の共創者である」というものだ。企業側はあくまでも価値の提案だけであり、顧客が使用して知覚する中で価値が決定される。つまり、価値は、企業によって事前に作り出されたものではなく、取引後の、顧客との共創によって事後創発的に作り出される。そのため、単なる価値の共同生産（co-production of value）というよりも、顧客との相互作用を強調して、価値の共創（co-creation of value）を重視する。

③資源統合

第 3 は、「企業と顧客をはじめとするすべての行為者（actor）は、資源統合者である」というものだ。ここでいう資源とは、先に述べたオペランド資源とオペラント資源のことである。これらの資源の統合を通じて価値が共創される。S-D ロジックでは、オペラント資源が、競争優位の基本的な源泉となる。

④使用価値と文脈価値

第 4 は、「事業者が単独で価値を創造することができない」というものだ。S-D ロジックでは、交換価値（value-in-exchange）に加えて、使用における価値（value-in-use）や文脈価値（value-in-context）という概念が使われる。これはサービス価値が、各顧客が使用するプロセスによって異なるし、顧客が

置かれている文脈（context）によっても価値が異なることを示している。つまり、使用における価値だけではなく、各顧客がサービスを利用する文脈における価値を考える。

　例えば、Spotifyでは自分用の楽曲プレイリストを作成するだけではなく、共同プレイリストを作成し友人と共有することもできる。また、ダイエットや語学学習サービスなどでは、提供と消費が一致をしており顧客が参加しているにも拘わらず、効果が出るのに時間がかかることが多い。これは、顧客側も日頃の生活習慣を変える必要があり、それは各顧客が置かれている文脈によっても異なるからである。

　このように、価値の共創、そのためにも各顧客が置かれている文脈に寄り添った体験のデザインが求められるのである。

5-3　サービスの重要性

　S-Dロジックを基礎としたサービスの重要性は、製造業においても高まっており、製造業のサービス化（Servitization）と呼ばれる。これは、単なるモノの販売ではなく、各顧客の使用価値や文脈価値を考慮してサービスを提供することで、顧客に対して独自の価値を示し、価値共創を通じて、継続的利用される取組みである。

　例えば、300年以上続いているお香の老舗企業である松栄堂では、lisnというブランドを展開している。お香をインセンス（incense）と呼称し、150種類以上の品揃えから、各顧客の使用シーンを想定した提案を行っている。一定額以上の購入者は、会員サービスであるCLUB LISNに参加できる。そこでは、購買履歴から、香りのコンシェルジュによってパーソナライズされた提案を受けることができるなどのサービスを享受できる。

　このように、日本の伝統産業に位置づけられる企業においても、提供されるモノ（お香）は、あくまでもサービスを提供する媒介物とされており、購入後の体験を重視することで、伝統と革新による顧客との関係づくりが行われている。

COLUMN 2-2 **サービスの評価機関**

　サービスの評価機関として、産官学が連携して、さまざまな取組みがなされている。飲食サービスにおいては、タイヤメーカーであるミシュラン社が、ドライバーに配布したことをきっかけに始められたミシュランガイドが有名ではあるが、日本においてもさまざまな取組みが行われている。代表的な取組みを3つ紹介しよう。

　まずは、JCSI（日本版顧客満足度指数）である。生産性が低いとされる日本のサービス産業の生産性を向上させるため、アメリカの顧客満足度指数を日本にアレンジしたものが開発されている。

　また、優れたサービスをつくりとどけるしくみを実践している企業に対して、日本サービス大賞として表彰する制度が2015年より開始されている。

　さらに日本全体のサービス産業の底上げをはかるために、良質な接客などの高度な「おもてなし」を実践しているサービス提供者を対象に、「おもてなし規格認証」の運用が開始されている。「おもてなし規格認証」はサービス品質を「見える化」するため4種類の規格認証が導入され、高品質なサービスに対して、それにふさわしい評価が受けられる制度である。そしてこの事業は、経済産業省の委託事業として2017年からサービスデザイン推進協議会が運用している。

　JCSIにおいては、サービス業を主たる対象としているが、サービス大賞やおもてなし規格認証では、必ずしもサービス業のみが対象となるわけではない。このように、産業分類上では製造業として位置づけられる企業や事業も、優れたサービスの提供をしているとして、受賞対象となっている。

6 おわりに

　サービスデザイン思考の理論的基盤の1つとなっているサービス・マーケティング研究では、物財（Goods）とサービス財（Services）という財の二分

法による検討から端を発して、S-D ロジックの台頭とともに、あらゆる経済活動をサービス（Service）と捉えるようになっている。このことは、産業分類上のサービス業だけではなく、製造業においても、サービスが重要となっていることを示している。

　サービスデザイン思考は、サービス業だけではなく、製造業なども含めたあらゆる経営組織で求められる考え方なのである。サービスデザイン思考を人間中心設計と捉えた場合、顧客だけではなく、提供者である従業員も人間であることを忘れてはならない。

エクササイズ

エクササイズ1

顧客だけではなく、従業員に対する内部マーケティングを実践している企業を探してみよう。情報を探す際には、企業の IR 情報などの投資家向けページよりも、採用サイトにわかりやすく書かれていることが多いため、情報源として活用してみよう。

エクササイズ2

実際に JCSI で上位に位置している企業を調べ、どのような特徴があるかを考えてみよう。また、満足度が高い業界とあまり高くない業界の違いについて考えてみよう。

エクササイズ3

サービス大賞やおもてなし規格認証「紫認証」を取得している企業を調べ、どのような取組みが優れているのかを考えてみよう。

さらに学びたい方へ ⤵

伊藤宗彦、高室裕史（2010）『1 からのサービス経営』碩学舎。
小川孔輔（2014）『CS は女子力で決まる！』生産性出版。
小野譲司（2010）『顧客満足［CS］の知識』日本経済新聞出版社。
南知恵子、西岡健一（2014）『サービス・イノベーション ──価値共創と新技術導入』有斐閣。

3章

体験をデザインする

1 はじめに

　Airbnb は 2008 年にサンフランシスコで誕生した宿泊に関する情報サービスを提供する企業である。2017 年現在 191 ヶ国、65,000 の地域に 300 万以上の宿泊施設を持つ。2018 年の米国ホテル売上シェアは 19 ％にも及ぶ。

　Airbnb の事業は、宿泊（自宅なども含む）施設を有するオーナーと、それらの施設を利用するゲストをオンラインで結び付ける仕組みにある。オーナーは稼働していない施設を活用できる。ゲスト（顧客）はホテルなどの一般の施設に比べて安価に宿泊が可能となる。いつ、どこで宿泊できるかについて世界中の候補から、デジタル技術を使いオンラインでマッチングする。このようなオンラインで宿泊施設を予約できる体験に加えて、Airbnb では従来の宿泊施設とは異なる個人の住宅、古民家など個性的な「宿泊施設」に宿泊できる。さらに Airbnb では個々の「宿泊施設」のオーナーが多様なサービスを提供する。例えばオーナーが調理した朝食を提供する、オーナーが施設周辺の情報を提供するなどである。このような従来の宿泊施設とは異なるサービスの提供は顧客に独自の体験をもたらす。Airbnb はこのような独自の体験を提供することを目指している。

　Airbnb のアイデアは、ブライアン・チェスキーとジョー・ゲビアの 2 人のデザイナーから生まれた。2 人はサンフランシスコのアパートでルームシェアをしていた。しかし家賃は高額で収入の少ない彼らには大きな負担だった。そんなとき、サンフランシスコのダウンタウンで開催されたデザインカンファレンスに世界中から参加者が押し寄せた。そのためホテルはどこも高額である。しかも空きはほとんどなくなっていた。カンファレンスに参加したいがホテルが予約できない。そんな人々が多くいることを知った 2 人は、自室にエアベッド（Air Bed）を準備しインターネットを使って告知した。宿泊者に対しては朝食（Breakfast）のサービスを行い、サンフランシスコの街を案内した。この体験が Airbnb（AirBed and Breakfast）のアイデアにつながる。

　Airbnb は、施設オーナーとゲストとのマッチングだけでなく、オーナーとユーザーのそれぞれの視点から多様な体験を実現する。そして体験のデザイン

がAirbnbの優位性を支えている。本章では体験をデザインするための手順とともに、その中で重要な要素である、JOB（ジョブ）（クリステンセン他2017）の考え方、そして体験デザインとサービスを結び付けるツールであるVP（バリュー・プロポジション）キャンバスについて確認する。

2 │ 体験デザイン

2-1 │ 顧客側と供給側の視点

　同じ現実に直面しても個々の人々は見えるものが異なる。見えるものが異なれば考え方、判断も異なるものとなる。その理由はそれまでの経験、持っている知識、置かれている状況などが異なるからである。同じ1人の人間でも置かれている状況によって見えるものが異なる場合がある。サービスを使う顧客の状況とサービスを提供、開発する業務に携わる状況では同じ現実でも異なる見え方をする。例えば、オンラインのニュース配信サービスは、使いたいタイミングで使用したい。そのため登録手続きをできるだけ簡単にすませること、また、手続きがないことが望まれる。一方、サービスを提供する企業は顧客のプロフィール、関心や希望を詳細に把握することで、個々の顧客が必要とする情報を提供できると考える。あるいは顧客の情報をもとに次の事業機会につなげることができると考える。そのため開発者が常に企業側の思考や行動だけを重視すれば、顧客にとって使用するまでの負担が大きく、また使用方法も難しいサービスとなる可能性がある。そのような場合は顧客の満足は低くなることが予想される。そのため開発者は常に顧客側の視点、行動を起点として、企業側の視点、行動とを往来して開発を進める。

2-2 │ 体験デザインの手順

　体験をデザインするうえで重要なのが、顧客の真のニーズを理解することである。顧客の真のニーズとは顧客が「本当に実現したいこと」と置き換えるこ

とができる。本当に実現したいことがやっかいなのは顧客自身も本当に実現したいことを言葉で表現できないことも多くあることである。体験デザインにおいて重要なのが、サービスを使用する人々を中心に考えることである。そしてサービスを使用する人々は、ある体験を通じて、さまざまな機能的、感情的な変化を獲得する。機能的とは速い、軽いなど数値化しやすい事象。感情的とは嬉しい、楽しい、面白い、怒りなど数値化が難しい事象である。それらの変化は時間経過とともに変化する。さらにその変化は、対象とする人々にとって良いこともあるし、悪いこともある。良い要素をここではゲイン（Gain）、悪い要素をペイン（Pain）と呼ぶ。ペインとゲインは、対象とする人々の行動の時間経過とともに発生する。

　体験のデザインは7つの手順を通じて行う。第1に、対象とする顧客のプロフィールを理解する。理解する対象となる顧客は、標準的な人々とは異なる人すなわちエクストリーム（極端な）な人が望ましい。例えば、オックスフォード大学が40万人分のDNAデータを調査した結果、利き手が左手の人間は約10％だったと言われている。全体と比較して少数の人々はエクストリームな人々に該当する。一般に多くの製品や建造物などは右利きの人を前提に開発されている。右利きのように社会や市場を構成する特性の多い人々が標準となっている場合は多い。その場合、標準にならなかった人々は少なからず何らかの不便や不自由を感じることから、問題（ペイン：顧客が抱えるストレス、行動障害）を抱える可能性が高い。そのため、エクストリームの人を対象とすると問題が発見しやすくなる。また見つけた問題がエクストリーム以外の人々の問題発見につながる場合もある。

　第2に顧客が現在置かれている状況を把握する。第3に事実情報をKJ法によって分類し、それぞれの分類にタイトルをつける。KJ法とは情報を一覧、組み合わせ、分類を繰り返し新たな情報を創造するための手法である 。文化人類学者の川喜田二郎氏によって生み出された。第4に、その状況における顧客にとっての問題（ペイン）が何かを明らかにする。第5に、顧客がある状況において 満足につながる事象（喜ぶ、楽しいなどの思考、行動）（ゲイン：顧客満足項目）を把握する。第6に、第2、第3において把握した情報をもとに、その顧客が問題を解決した状況を創造する（ジョブ：顧客が実現した

い体験）。第7に、現在の状況から問題が解決した状況にどのように変化させるかの実現方法（製品・サービス）を創造する。

図表 3-1　体験デザインの手順

	ステップ	情報収集、整理の視点、手法
1	顧客のプロフィール理解	・人口統計学的属性（デモグラフィック） ・行動特性
2	顧客の状況把握	観察（観る、聴く、試す、頼む） ・5W1H ・ヒューマンファクター（物理的、認知的、社会的、文化的、感情的） ・対象者と周辺の関係（環境、人間、モノ、サービス）
3	事実データの分類	KJ 法
4	ペイン（Pain）発見	KJ 法、連関図、特性要因図
5	ゲイン（Gain）発見	KJ 法、連関図、特性要因図
6	ジョブ（Job）創造	POV（Point of View）
7	ジョブ実現方法創造	HMW（How might we）

　第1の顧客のプロフィール理解では、その人間がどのような属性、嗜好、価値観を持つかを理解する。そのために特定の1人を選択し、まずはその1人を理解することから始める。第2の顧客が置かれている状況把握では、顧客が活動する場に出向き、どのような環境において、どのような人々、製品・サービスが関与しているかを捉える。そのため、第4の顧客が抱える問題点（ペイン）および、第5の顧客の満足につながる要素（ゲイン）の発見につなげる視点を意識する。事実把握には、インタビューを含む観察法が使用される。第6のジョブの創造には事実をもとにした創造力が求められる。第1～第5で把握した個々の事実との関連性を確認しながら、事実が発生する要因として何があるのかを考察する。そのうえで、その人（顧客）が置かれた状況において、どのような体験を望んでいるかを言語化、ビジュアル化する。第7は、言語化、ビジュアル化した体験を具体的にどのような技術を使って実現するかについて解決するアイデアを提示する。

3 ジョブ（JOB）発見とペイン（Pain）とゲイン（Gain）

3-1 サントリークラフトボスの開発

　2017年4月に発売されたサントリーのコーヒー飲料クラフトボスは、発売初年度にはヒットの目安である1000万ケース（24本/ケース）を超える1500万ケースを発売した（日経産業新聞2018年8月27日）。そして2018年には日本マーケティング協会の優れたマーケティング活動を表彰する日本マーケティング大賞を受賞している。

　缶コーヒーブランド「サントリーボス」は「働く人の相棒」をコンセプトに開発され、缶コーヒー市場ではジョージア（日本コカ・コーラ）とともに高いシェアを獲得している。しかし缶コーヒーの主要顧客の90％は男性である（清水　2020）。そしてその顧客の多くは物流、建設、営業などの屋外で働く職種が中心だった。しかし缶コーヒーの市場を縮小させる競合が発生した。それが2013年頃から始まったコンビニエンスストア（コンビニ）のレギュラーコーヒーの発売だった。コンビニのレギュラーコーヒーのユーザーに、そこから得られる体験を尋ねると「爽快感」が多くあがった。開発者は缶コーヒーにはほとんど出てこない「爽快感」に注目した。「爽快感」とは何かを考え抜くと「コーヒーの苦味が減った、氷の溶けたコンビニコーヒー」を飲んだときの体験と考えた（NewsPicks　2017年12月16日）。

　開発者が新たな顧客として注目したのがITエンジニアだった。ITエンジニアはデジタル化の進展とともにエンジニア出身の経営者が活躍することによって、近年、社会から注目されている職業であった。だが、ITエンジニアは缶コーヒーをほとんど飲まない。そこでITエンジニアに対するコーヒー飲料の新たな役割を創造することを考えた。開発担当者はITエンジニアへのインタビューを繰り返し、ITエンジニアの日常を理解し日常的に発生する感情に共感するようにした。そのような活動から「長時間パソコンと向き合うコミュニケーションが希薄な孤独な職場」、「トラブル対応が多く疲れを感じる」、「プログラムなどデジタルに関わる業務がゆえに、アナログ感のあるぬくもりのある

アイテムを大切にしている」ことが明らかになった。そこでクラフトボスの開発者は、長時間、一人で働き続ける人々が抱える不安や孤独な気持を和らげる役割を見出した。

当時、サードウェブと言われるハンドドリップで一杯ずつコーヒーを淹れる手作り感（クラフト）がある「ブルーボトルコーヒー」などのコーヒーへの支持が、若者を中心に高まっていた。

そこで、ITエンジニアに爽快感と手作り感の体験を、コーヒーを通じて提供するコンセプトを創造した。このコンセプトを実現するため、長時間パソコンに向かって仕事を続けるエンジニアが長時間飲み続けられる薄い味と、500ミリリットルのペットボトル容器を採用した。またペットボトルもガラスボトルのようなデザインで手作り感を増す工夫をしている。このような展開により、クラフトボスは従来缶コーヒーを飲まなかった顧客を創造した。

オフィスで長時間飲み続けるという、従来のコーヒー飲料にはない体験は、ITエンジニア以外にも従来、缶コーヒーを飲まなかった顧客に広がっていった。例えば、女性のオフィスワーカーがパソコンに向かって仕事をする場面や、ミーティングの場面で飲用するなどである。

3-2 ジョブ（JOB）を通して人々の行動を観る

製品・サービスは購買、所有、使用されて購買、所有、使用する人々に変化をもたらす。一般的にその変化は、人々にとって有益なものであるべきである。しかし現実は必ずしも有益なものにならない。場合によっては期待外れの不利益となる。

ジョブとはデザインする主体となる人が最も実現したい体験である。なぜジョブという名称を使うかと言えば、その問題を解決することがその人にとって「ジョブ」（仕事）だからである。類似する言葉に、ニーズとウォンツがある。ニーズとは例えば、「喉が乾いたのでその問題（喉の渇き）を解決したい（喉を潤したい）」という欲求である。また、ウォンツとは、例えば、「喉が渇いたのでミネラルフォーターを飲みたい」という欲求である。両者の違いは同じ状況（喉の渇き）だが、ウォンツはニーズに比べて解決手段の欲求が具体的

である。一方、ニーズとウォンツの共通点は欲求が言語表現されていることにある。それに対して、ジョブは表現された欲求の背景にあるその人すらも気づかない問題が解決された状態、すなわち実現したい体験である。問題は顧客が言葉にした欲求だけに限らない。その中には顧客すらも気づいていない問題、気づいていても解決を諦めている問題が含まれる。

　そのためジョブを明らかにすることは容易ではない。その手がかりはその人が現在活動をしている現場にある。そのため、現場で人々の行動をジョブの視点によって観察し、そこから得た事実を手がかりとして、その人が解決を望む「真の問題」を明らかにすることが必要となる。ジョブを発見することは、事実を丹念に集め、その事実を組み合わせることを繰り返し創造的に発見することが必要となる。そのため顧客が活動する現場に出向き、顧客の言動を観察し、おかれている状況を理解する。その上で「ジョブ」を定義する。ジョブの定義とは、現在おかれた状況をどのような状況にすれば、より良い状況へ変化できるかを創造することにある。製品・サービスは、より良い新たな状況へ変化させる手段として位置づける。人々は、ジョブ（仕事）を解決するために、製品・サービスを購入、使用するのである。ジョブの視点によって、対象とする人の言動を観察すると表層的な欲求ではなくより本質的な欲求の発見につながる手がかりとなる情報を見つけやすくなる。

3-3　ジョブの 3 つの側面

　ジョブには機能面、感情面、社会面の 3 種類が存在する（クリステンセン他　2017）。そのため、人々の行動を観察、分析する場合に、機能面、感情面、社会面の 3 つの視点から、どのような体験を望んでいるかを考える。単にジョブを探索するよりもジョブを探索しやすくなる。

　その手順は以下のように進める。まずは、観察を通じて得た事実が、対象の人々にとって、ペイン、ゲインのどちらにあてはまるかを検討する。そのときにそれぞれの事実が機能面、社会面、感情面からみてどのようなペイン、ゲインにつながるかを考える。検討時に必要となるのが、複数の異なる視点から確認することである。そして視点を変えるとペインがゲインになる。同時にその

逆もある。そのためには、対象となる人々が現在おかれている状況を、機能面、感情面、社会面３つの視点から確認する。そして３つの視点から対象となる人が解決したいジョブは何かを考える。そしてどの状況がどのような状況に変化すれば、あるいはどのような状況を創造すれば、より高い満足や従来とは異なる体験につながるかを考える。

　先に触れたコーヒー飲料の体験からジョブを確認してみると次のように考えることができる。機能面のジョブとして眠気を払う、寒さで冷えた手や身体を温めるなどが考えられる。また、感情面のジョブとして気分を切り替える、仲間とのコミュニケーションのきっかけ、孤独な仕事の擬似的なパートナーなどが考えられる。さらに社会面のジョブとして、フェアトレードやオーガニック栽培の豆を使用している、あるいはリサイクルの素材を使ったカップやペットボトルを使用している製品を飲用することを通じて、社会をより良くするジョブなどが考えられる。

4 バリュー・プロポジション・キャンバス

4-1 体験のデザインを分解する

　バリュー・プロポジション・キャンバス（Value Proposition Canvas：VPC）とは、顧客側の視点と開発側の視点を使い分け、顧客側、開発側（製品・サービス）との関係を一覧にして可視化できる思考ツールである。バリュー・プロポジションとは模倣が困難な独自の価値（バリュー）を生み出す（プロポジション）のことである。

　サービスデザインの中核である、人間中心の思考を維持し、具体的な価値創造と価値実現を並列的に思考できるツールである。その特徴は以下の３点をあげることができる。

　第１に、同じツール上で、顧客サイドと製品・サービスサイドの両面から思考できることにある。

　第２に、顧客に実現する価値と製品・サービスが実現する価値が関連づけ

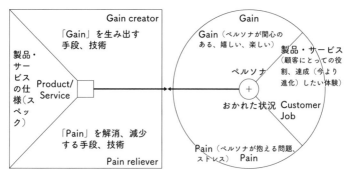

図表 3-2　バリュー・プロポジション・キャンバス
出所：アレックス・オスワルダー他（2015）をもとに作成

られていることを確認しながら思考できることにある。人間中心の思考と製品・サービス開発を連動させることができるツールである。開発側の立場に立つと我々は、製品・サービスの開発に思考が偏ってしまう傾向にある。そのため努力を重ねて開発した製品・サービスが受け入れられないことも発生する。

　第3に、価値創造（人間中心）と価値実現（製品・サービス）のそれぞれの構造を分解し、思考すべき領域を限定できることにある。

　VPCは、顧客の価値の実現と収益モデルを考察するビジネスモデルキャンバス（Column 3-1）の中核となる領域を創造するツールでもある。

　VPCで具体的に何が可視化できるかと言えば、第1に、どのようなペイン、ゲインとジョブが関連しているかが明らかになる。図表3-2の右側がそれにあたる。第2に、製品・サービスの仕様（スペック）は、どのペイン、ゲインと関連しているかが明らかになる。

　我々は、新しい製品・サービスを開発する場合に、いきなり製品・サービスのアイデアを考えがちである。しかしそのアプローチでは、誰のどのような問題について解決する製品・サービスなのかが不明のままアイデアを考えることになる。結果として誰のためなのかもわからない製品・サービスが開発されてしまう場合がある。VPCは、顧客側、開発側のそれぞれの視点で情報を整理、創造し、網羅的に思考できる。そして顧客側のサークル、開発側ボックスを結びつける矢印を常に意識することによって、顧客と製品・サービスを結びつけ

るのである。

　VPC は、情報収集、創造、情報間の関連を考察しながら顧客に対する価値とその実現手段である製品・サービスを効率的に創造するためのツールである。2014 年に、アレックス・オスターワルダー等によって提案された。その構造は、顧客側（図表 3-2 の右側）とサービス供給側（図表 3-2 の左側）の 2 つの領域に分かれている。

　顧客側の思考は、価値創造に向けて何を考えれば良いかを明確にしている。その内容は、顧客のジョブ（仕事）、顧客のゲインとペインから構成されている。それぞれは相互に関連している。解決すべき課題に対する先に触れたジョブを探索する。そのジョブを実現するために必要な体験は何かを考える（ゲイン）。さらにジョブの実現を阻む障害やジョブ実現に必要な体験（ゲイン）を阻む障害（ペイン）、あるいはジョブ実現に必要な体験につながる解決すべき問題（ペイン）を考える。

　ジョブ、ゲイン、ペインは、それぞれが相互に関連しているため、ジョブは何かについて記述し、その経験、その障害、課題を記述しながらジョブ、ゲイン、ペインを徐々に明確にしていく作業となる。ここでもポストイット、現場、現実の写真をボードに貼り付けながらグループ化、グループごとに言葉として集約する作業を繰り返すのである。

　VPC は簡単にアイデアを生み出せるツールではなく、何を考えれば正しい問題を明らかにし、何を考えればその問題の解決につながるかという思考の焦点を明らかにする。そしてそれぞれの関連を意識させながら思考を進めることを手助けしてくれるツールである。

COLUMN 3-1　　　　　ビジネスモデル・キャンバス

　高い競争力を維持できている企業、新市場を定期的に創造できている企業、高い資産価値を持つブランドを育成できている企業には、優れたビジネスモデルがあると言われる。しかしそのビジネスモデルは目に見えるわけではなく、断片的な現象、例えば優れた製品、コミュニケーションなどを組み合わせて説明されることが多い。このビジネ

スモデルの全体像を要素別の構成と要素相互間の関連を可視化できるようにしたツールがビジネスモデル・キャンバスである。この可視化は構造の可視化だけでなく、ビジネスモデルを創造するうえで何を考えれば良いのかを明らかにしていることが特徴である。ビジネスモデル・キャンバスは、オスターワルダーとビニュールが2015年に発表した。

　バリュー・プロポジション・キャンバスとビジネスモデル・キャンバスは密接な関係を持つ。バリュー・プロポジション・キャンバスでは価値創造の構造が示される。創造した価値をビジネスモデルへ展開する役割をビジネスモデル・キャンバスが担う。

　ビジネスモデル・キャンバスはサービスという目に見えない対象を取り扱ううえで、非常に有効なツールであるとともに、事業戦略、マーケティングのビジネスモデルを可視化することにも有効なツールである。また、アップルが音楽配信とスマートフォンを組み合わせたビジネスモデルを構築しているようにサービスと製品の組み合わせを理解、創造するうえでも有効である。ビジネスモデル・キャンバスでは、4つの領域と9つのブロックでビジネスモデルを可視化する。4つの領域とは、顧客、価値創造、インフラストラクチャー（インフラ：ビジネスの基盤）、資金である。9つのブロックとは、図表3-3にあるように、顧客セグメント、価値提案（バリュー・プロポジション）、チャネル、顧客関係、収益の流れ、キーリソース（資源）、キーアクティビティ（重要な活動）、キーパートナー（連携先）、コスト構造である。9つのブロックは、4つの領域に部分的に重なりながら区分される。

　顧客領域の対象は、顧客セグメント、顧客関係、チャネル、価値創造である。価値創造領域の中心は、本章でも取り上げた、バリュー・プロポジション・キャンバスである。

　インフラ領域は主にキャンバスの左側のキーリソース、キーアクティビティ、キーパートナー、コスト構造が対象となる。資金領域は、ビジネスモデル・キャンバスの下部に配置されている。コストと収益の流れのブロックである。価値創造と価値を実現するためのモデルだけ

でなく、そのモデルを事業として成立させるためのコスト構造と収益の流れとの関係をこの領域で検討をする。

Key Partners （重要な連携先）	Key Activities （重要な活動） 強み：競争力のある 活動 資源投入すべき対象	Value Propositions （価値提案）	Customer Relationships （顧客関係）	Customer Segments （顧客セグメント）
	Key Resources （重要な資源） 強み：研究、技術、 開発、知財、 ネットワーク… 強みへの転換視点		Channels （チャネル）	

Cost Structure （コスト構造） 強み／弱み：利益の源泉、「主要活動」のコスト…	Revenue Streams （収益の流れ） 顧客が何（価値）に対してお金を払うのか 価値と価格の評価

図表 3-3　ビジネスモデル・キャンバス
出所：オスターワルダー他（2012）をもとに作成

4-2　バリュー・プロポジション・キャンバス作成手順

　バリュー・プロポジション・キャンバスを作成する手順は、第1に、右側の顧客側（円）から始める。最初に定義すべきは対象となる人のプロフィールである。円の中心にある人の顔のアイコンが該当する。この対象となる人をペ

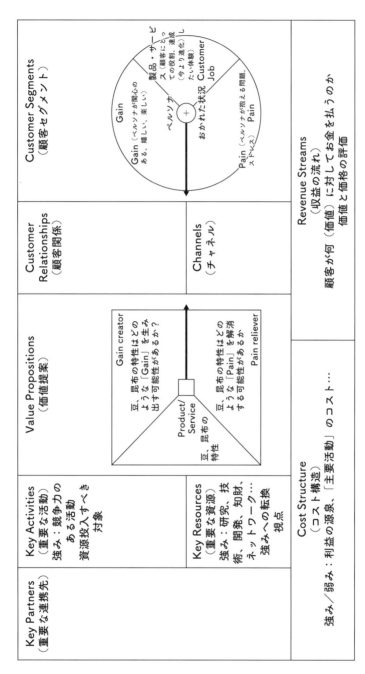

図表 3-4　ビジネスモデル・キャンバスとバリュー・プロポジション・キャンバスの関係
出所：オスカーワルダー他（2012）をもとに加筆

ルソナとして1人設定することで次の検討が進めやすくなる。ここにペルソナとして設定した顧客のプロフィールを記述する。場合によっては顔写真やプロフィールにつながる写真を貼り付ける。次に観察などで収集した情報を、先のジョブの3つの視点である、機能面、感情面、社会面からゲイン、ペインに分類する。同じ事実が視点の違いによって異なる分類になることもあり得る。

　この分類された情報から顧客が真に望む体験であるジョブを明らかにしていく。この検討で重要となるのが、どのゲイン、どのペインがどのジョブにつながるのかを関連づけておくことである。ジョブの設定は事実に基づき行うことが提案の根拠となり、検証と修正がしやすくなる。

　ジョブの創造は簡単でない場合も多い。その場合は仮に設定したジョブをもとに、VPCの左側の製品・サービスの検討に進む。ペイン・リリーバー（Pain Relievers）は、ペインを解決するための具体的な製品・サービスの要素である。ゲイン・クリエイター（Gain creator）は、ゲインを生み出す具体的な製品・サービスの要素である。この2つの要素を組み合わせて具体的な製品・サービスのアイデアを創造する。この場合も製品・サービスのアイデアに対してさらにペイン、ゲインとの関連を見直し、ペイン・リリーバー、ゲイン・クリエイターを見直し修正を行う。製品・サービスはこのペイン・リリーバー、ゲイン・クリエイターの要素をどのように組み合わせるかを検討し、その組み合わせを実現するための手段や技術を検討し製品・サービスの仕様（スペック）に落とし込むのである。

5 おわりに

　体験デザインを創造するための有効なツールである、バリュー・プロポジション・キャンバスとの関係について確認をしてきた。サービスデザインは人間中心の思考に基づき、対象となる人間の観察から始める。観察によって見つけ出した情報（事実）をもとに、対象者の感情を基準とした情報の分類を行う。これがペインとゲインである。サービスの開発には、これらの情報とサー

ビスとの関連を常に意識しながら解決方法を創造することが必要となる。そのためのツールがバリュー・プロポジション・キャンバスである。バリュー・プロポジションは体験をデザインしその体験をサービスの内容、仕様に効率的に展開することと、相互の関連性を可視化することができる。

エクササイズ

エクササイズ1

Airbnb、ホテル、旅館について、自身が利用することを想定し、その体験を時間経過に沿って考えてみよう。その体験の違いをリストしてみよう。それぞれのあなたにとってのメリットになることを考えてみよう。

エクササイズ2

ネット通販のショッピング体験を1つ選び、その体験の時間経過とともに発生する行動を記述し、それぞれの行動についてペインとゲインが何かを記述してみよう。さらにペインをより良くするためには、ゲインを縮小、削減するための方法を考えてみよう。

エクササイズ3

エアライン（航空会社）のチェックインから登場までの体験を時間経過とともに発生する行動を記述し、ペインとゲインが何かを記述してみよう。ペインとゲインの情報から対象者の「JOB」は何かを考えてみよう。

さらに学びたい方へ ⤵

アレックス・オスワルダー他（2015）『バリュー・プロポジション・デザイン 顧客が欲しがる製品やサービスを創る』（関美和 訳）翔泳社。

アレックス・オスワルダー、イヴ・ピニュール（2012）『ビジネスモデル・ジェネレーション　ビジネスモデル設計書』（小山龍介 訳）翔泳社。

エレン・ラプトン（2018）『デザインはストーリーテリング 「体験」を生み出すためのデザインの道具箱』（ヤナガワ智予 訳）ビー・エヌ・エヌ新社。

https://secondmeasure.com/datapoints/airbnb-sales-surpass-most-hotel-brands/

4章

顧客を理解する

1 はじめに

　皆さんは一般的な生活者が、普段自分が一般的なレベルで関わっている製品・サービスに関するニーズについて、明確に言葉で語ることのできる割合は全体を 100 ％としたら何%程度あると思うだろうか。

　ハーバード大学経営大学院の名誉教授であるジェラルド・ザルトマンの研究によると、たった 5 ％程度だとされている。つまり、一般的な生活者は本来自身が持っているニーズの大部分を、言葉にして説明することができない。

　つまり多くの企業は、生活者のたった 5 ％のニーズだけが「（すべての）顧客の生の声」と理解してしまう。このことは、本当の意味で「顧客の生の声」を集めることは簡単でないことを示している。

　一方で、ユーザー自身も自覚できていないニーズを扱うからこそ、そこには単なる顧客満足を超えた「顧客体験の革新」を生み出す可能性があるとも言える。しかし「顧客体験の革新」につながる情報を獲得することは容易ではない。理由は、「なぜその製品・サービスが好きなのか」、「なぜ毎回同じブランドを選んでしまうのか」と問われてもユーザーが意識していない場合も多いため、ユーザーはその理由を簡単には答えられないからである。

　それでは、どのようにすればユーザー自身も自覚していないニーズにつながる情報を手に入れることができるだろうか。

　サービスデザインでは、最初にサービスを提供すべき「ユーザー」や、まだユーザーにはなっていないけれども今後そうなる可能性がある「人間」を知ることから始めていく。

　そして「人間」を深く知るために重要となるのがリサーチなのである。

　隠されたニーズを見出すためのリサーチには、言葉（言語情報＝バーバルな情報）を用いて探索を行うアプローチと、言語化しづらい視覚情報（非言語情報＝ノンバーバルな情報）を活用するアプローチの、2 つのアプローチがある。リサーチには、その目的・意図によってさまざまな手法がある。本章では、ユーザーの隠されたニーズや期待する価値を見出すために有効な調査方法の中でも、ユーザーなど理解すべき対象者との「会話（対話）」を通して行う

『インタビュー法』と、対象者の行動やしぐさ（表情）などを「観察」することによって発見を収集する『行動観察法』について説明する。

2 インタビューの進め方

2-1 フォーカスグループインタビューとディプスインタビュー

　インタビュー調査は主にインタビュアー（インタビューを行う人間）がインタビュイー（インタビューを受ける人間）に対し質問を行う。そしてどのような質問を、どのように行うかが重要なポイントになる。調査協力者を示す呼称として、情報提供者という意味を持つ「インフォーマント」という表現を用いることがある。ただし本書ではより一般的な表現とされている「インタビュイー」で統一する。

　言語情報を用いるインタビュー法にもさまざまな手法があり、代表的なものとして、フォーカスグループインタビューとディプスインタビューがある。フォーカスグループインタビューは、何かしらの設定条件（年齢・性別や、趣味嗜好など）に合うインタビュイーにインタビュールームなどに集まってもらい、モデレーターと呼ばれる司会進行役が調査テーマについて質問を投げかけたり、製品の試作品を見てもらったりしながらインタビュイーから意見や考えを引き出していく方法である。これに対してディプスインタビューは、同じく何かしらの設定条件に合うインタビュイー1名に対して、インタビュアー1名（もしくは補佐役として、さらに1名程度同席する場合もある）がマンツーマンに近い状態でインタビューを行う。

　両者の違いは、前者が複数のインタビュイーから多様な意見や考えを「広く・浅く」収集することに主眼を置いているのに対し、後者は1人のインタビュイーの考えや意見を「広く・深く」引き出し収集することを重要視していることにある。

図表 4-1　フォーカスグループインタビューとディプスインタビューの特徴比較

	調査人数	調査環境	調査領域	メリット	デメリット
フォーカスグループインタビュー	調査協力者：複数名 調査者：1名 ※モニタールームからの観察者が複数いる場合あり	調査者が用意したリサーチルームなどで、1時間程度の調査が基本	浅く広い 試作品などへの評価・検証を依頼する場合もある	一度に複数の意見やアイデアが得られる。 リサーチルームに協力者たちを集めるため効率よく調査が行える。	複数参加者の中で同調圧力が働く場合があるため、多様な意見、本音の引き出しに至らない場合もある。 自宅の様子など、協力者の生活背景などを知ることはできない。
ディプスインタビュー	調査協力者：1名（原則） 調査者：1名（原則） ※調査対象が夫婦、家族などの場合は複数名の場合あり ※調査者は補佐役を同席する場合あり	調査協力者の自宅、オフィス、工場などに直接訪問し、最低2時間程度の時間をかける（それ以上の時間・日数に及ぶ場合もある）	深く広い 調査テーマ以外の周辺領域についても考え方や価値観などを探索	協力者の自宅やオフィスなどに直接訪問するため、持ち物や自宅内の様子など非言語情報を同時に収集できる。 1人に対してじっくり時間をかけて話を聞くことができるので探索領域が広く深い。	調査ごとに協力者の自宅やオフィスなどに訪問し、長時間調査を必要とするため、手間がかかる。

　本章では、これら2つのインタビュー手法のうち、より隠れたニーズや新しい価値の発見につながりやすい特性をもつディプスインタビュー法についてさらに詳しく説明する。

2-2 ディプスインタビュー

　ディプスインタビューとは、文字どおり「通常では扱わないような深いレベルの質問」を使ったインタビューリサーチのことである。「深いレベルで」と補足をしている理由は、通常のインタビューに比べて、より深いレベルの意識にまでアクセスするからである。さらにそのようなレベルまで掘り下げるための特殊な質問技法を用いる意味を含んでいる。つまり、ディプスインタビューは、「熟練した面接者が行う、通常の質問では得られないような個人の奥深くに秘められた心理や感情、考えなどを聞き出す面接法・質問技法」と定義できる。そしてその実現には、ユーザーの発言や行動の裏側にある感情や考え、そ

れらの考えや考えを持つに至った経緯やさらに背後に存在する「心の声」を
ユーザー自身に語ってもらうための「場づくり」が重要となる。

ディプスインタビューにおけるインタビュアーの重要な役割には以下の3
つがある。第1に「場づくり」、第2に「舵取り」、第3に「掘り下げ」であ
る。

第1の「場づくり」とは、インタビューする側とされる側が互いに信頼し
合い、遠慮や気兼ねがないリラックスした状態をつくることである。そして心
を開いて語り合える関係と、それが可能な空間（場）を早い段階でつくる。さ
らに、インタビューが終わる時点までその場を維持することである。

質問を始める前の段階で良い「場づくり」ができているか否かで、そのディ
プスインタビューの成否が決まると言っても過言ではない。多くのインタ
ビューでは、インタビュアーとインタビュイーは初対面の場合が多い。そのた
めお互いに緊張感がある状態にある。インタビュアーはリラックスしてインタ
ビュイーに発言してもらうために、良い雰囲気をつくる工夫をしなければなら
ない。例えば、共通の話題を見つけて本題に入る前の会話を弾ませる。あるい
は、自分自身の失敗談などを引き合いに出しながらインタビュイーに「構え
る」姿勢を和らげてもらう。さらに、アイスブレイクなどを組み込み、お互い
の信頼関係を築くことに、十分な時間をかける。相互にリラックスした良い雰
囲気ができていて初めて、インタビュイーの本音や深い意識が語られる。

次に重要な役割は「舵取り」である。インタビュイーが考えもしていなかっ
たような考えや本音を引き出すためには、「インタビュアーが聞きたいこと」
を聞く以上に「インタビュイーが話したいことを次々に話してもらう」ことが
重要になる。

インタビュアーの本当の役目は、インタビュイーが「本当に話したかったこ
と」に気づき、話したいことが次々に生まれる状態をつくりだすことである。

そのために、インタビュイーが考えるきっかけを提示する。話題の転換のた
めの質問を投げかける。あるいは本筋と外れた場合には本筋に話を戻す。と
いった対応を現場での対話の状況に応じて行うことが求められる。加えて、与
えられた時間の中で最大限情報が集められるように上手に対話を進めるに
は、「舵取り」は非常に重要な行動と言える。

最後の「掘り下げ」は、ディプスインタビューにおける最も重要な役割である。

一般的な生活者であるインタビュイーは、インタビュアーの問いに対し表面的な意見や考えを述べる傾向にある。なぜならば、多くの一般的な生活者は、自分にとって普段さほど強い意図や興味を持って関わってはいない製品・サービスや関心領域について、深く考える必要はない。そのため言葉として表現できるのは、自身の「今」の「自覚できている」問題だけである。そのため、インタビュアーはインタビュイーの表層的で自覚的な言葉に満足せず、それらの言葉の裏側にある「心の声」や、そのような考えを持つに至った経験に迫る「掘り下げ」が必要となる。つまり、相手が話したい内容を拾い上げ、掘り下げる中で、言葉の奥深くにある「本当の問題や期待」を見つけるのである。

2-3 ディプスインタビューの 10 のポイント

次に、ディプスインタビューをうまく進めるポイントについて説明する。ディプスインタビューをうまく進めるためのポイントは、以下に示すように10存在する。

① 「何を知るための調査か」を明確にする
② ラポールとムードづくりに集中する
③ 共感と理解の気持ちを持つ
④ インタビュイーを誘導しない
⑤ 生活者はニーズを語るプロではない
⑥ インタビュイーに「弟子入り」する
⑦ 生活者は悪意のないうそをつく
⑧ 「なぜ」を繰り返して掘り下げる
⑨ 「過去〜現在〜未来」を聞く
⑩ 百聞は一見に如かず

以下、10のポイントを順に、確認する。

① 「何を知るための調査か」を明確にする

　曖昧で漫然としたテーマ設定のインタビューからは、曖昧で漫然とした情報しか収集できない。例えば、「健康」をテーマにして新しい製品・サービスを考えるためのヒントを得ようとする場合、単に「健康」と言ってもあまりにも領域が広すぎる。「健康」というテーマでも、どのような領域まで探索する範囲を広げるのかを決めなければならない。つまり、探索する「幅」と「深さ」を意図的に決める必要がある。

　知りたいことの意図を明確にしたうえで情報を収集することによって、情報を分析・解釈する際の質に差が生まれる。

② ラポールとムードづくりに集中する

　インタビューの現場における雰囲気づくりは非常に重要である。

　良い質問をしても、インタビュイーとの信頼関係が不十分、あるいは、リラックスできていない場合には、相手は本音を話してはくれない。インタビュイーの本音を引き出すためには、インタビュアーは少なくとも「このひとになら気兼ねなく思ったことを話しても不利益はなさそう」と思ってもらえる存在にならなければいけない。このような相互信頼関係ができている関係を心理学の世界では「ラポールの輪ができている」と表現する。インタビューの現場において最も重要なことは、このようなラポールが形成できるまでリサーチを始めないことと、なるべく短時間の間にラポール形成をすることにひたすら集中することである。

　ラポール形成に必要な時間は明確にはできない。インタビュアーとの組み合わせやインタビューの場の環境などによって変化するからである。予定されているインタビュー時間が終わり、後片付けをしながらの雑談の時点で相手がようやくリラックスし、饒舌になり始めることもある。そのため、インタビュアーはインタビュイーがリラックスして互いにラポール形成のサインを見逃さないようにする。

③ 共感と理解の気持ちを持つ

　インタビュアーがインタビューの発言を否定しないことは「ラポール」形成

において重要である。否定的な言葉として典型的なものに「でも」と「しかし」がある。

　わたしたちの普段の会話において「でも」や「しかし」という接続詞は必ずしも相手の発言や意見を否定する目的ではなく、場つなぎや話題転換を目的に使われる場合も多い。

　相手も、話の流れから「でも」や「しかし」が、必ずしも自分を否定する意味で使われてはいないことは理解できる。しかし頻繁に「でも」「しかし」が投げかけられると、否定されてはいないまでも「あれ？うまく言いたいことを伝えられていないのかな」とか「もう少し相手の期待に応えるように言ってあげたほうが良いのかな」のように自分の発言を不安に感じてしまう場合も少なくない。正解でなく可能性を探索するためのディプスインタビューの現場では、インタビュイーを「間違ったひと」にしてしまわない配慮が必要である。

④インタビュイーを誘導しない

　ディプスインタビューではインタビュアーは常に不安と背中合わせである。

　なぜならば、「今回のインタビューで得られる発言や情報は、果たしてヒントを得るための役に立つのだろうか」という保証がない中で調査に臨まなければならないからである。

　そういった不安の中でインタビュアーは、ついつい自分の中にある仮説（場合によっては「思い込み」）を裏付けてくれるような発言や、すぐに使えるヒントにつながりそうなエピソードを語ってほしいという誘惑に駆られることがある。誘導的な質問を行うと、こちらの意図に合った耳あたりの良い発言が、多く得られるかもしれない。しかし、そのような誘導によって得られた発言は、実のところすでにあった仮説や「こうあって欲しい」調査側の期待を裏付ける以上のヒントを含んでいない情報にしかならないことが多い。

　ディプスインタビューにおいては、こちらが聞きたいことにインタビュイーを誘導するのではなく、インタビュイーが本当は話したいことを見つけてもらい、そこで語られた言葉をもとに事後に解釈を行うことを常に意識することが必要である。

⑤生活者はニーズを語るプロではない

　一般的な生活者は自身が日頃さほどこだわりや強い思い入れを持たずに接している製品やテーマに関するニーズを、明快な言葉で語ることができない。そのような現実があるにもかかわらず、インタビュアーは「正しく聞けば、生活者は正しく答えてくれる」と思い込みがちである。インタビュアーは、一般的な生活者が語ることができる感情や習慣として行っている行動の中から「意味」を見出すことが求められる。そしてインタビュイーが語ることができない潜在的なニーズや本質的な問題を見つけ出す役割を担っている。

⑥インタビュイーに「弟子入り」する

　自分の考えていることや普段行っている行動を「言葉」で説明できる人間は多くない。そのような場合、インタビュアーはインタビュイーに普段どおりの行動を再現してもらうことが必要となる。そして、インタビュアーとは異なる点や疑問に感じた点に気づき、「なぜそのような行動をするのか」に関する質問をすることによって相手の理解を深めることが可能になる。

　この手法は、インタビュイーを師匠や親方に見立て、師匠の行動から技を学ぶ（盗む）イメージから「師匠と弟子モデル」と呼ばれている。

　例えば「カレーをつくる」という行動1つとっても、詳細にその行動を観察すると、人それぞれつくりかたは異なる。一見誰もが同じような手順で行うように思える行為ですら、細かく見ていくと膨大な要素で構成されており、1人ひとりその手順や作法も異なることがわかる。このように行動観察（3節参照）を通して得られた気づきを手がかりに、インタビューによって行動や考えの背景について理解を深めることができるのである。

⑦生活者は「悪意のないうそ」をつく

　信頼関係ができたからといって必ずしもインタビュイーがすべてを本音で語ってくれるとは限らない。特に、自分にとって恥ずかしいと無意識に感じていることや、あまり人に知られたくないことであればなおさらだ。そのようなとき、インタビュイーは無意識に、「悪意のないうそ」をつくことがある。そのような「うそ」は、本人すらそのうそが真実だと思いこんでいるので真偽の

判断は難しい。「顧客の生の声」は貴重だが、「生の声」がすべて真実を語ってくれていると過信することは禁物である。

⑧「なぜ」を繰り返して掘り下げる

　探索的なインタビューにおいて最も基本的で活用の頻度が高い質問テクニックとして「Why（なぜ）」を使う方法があげられる。トヨタ自動車が、ある問題の背後や根本に潜むより大きな本質的問題を掘り下げるために用いている考え方も「なぜ」を5回繰り返す「なぜなぜ分析（5Whys）」であることは広く知られている。

　一般的な生活者はあるテーマについての問題や期待を語る際に、自身にとって最も自覚できているレベルの問題や期待を語りがちであることは先に述べた。

　例えば、「ノートパソコンに何を期待しますか」と質問すると「軽くて持ち運びに便利なものが良いです」と答える。

　さらに「なぜ」を繰り返していくと、4〜5回目の段階で「出先での急な業務に迅速に対応することでビジネスチャンスを逃したくない」という本質的なニーズにたどり着く場合がある。

　ここで誤解してほしくないのは、「なぜ」を繰り返して、ひたすら掘り下げていくことが重要ではない、ということだ。「なぜ」をひたすら繰り返すとどうなるか。多くの場合、どんな問題であっても行き着く先は「安全で安心して生きたい」のような普遍的な問題に集約されてしまうのである。「なぜ」を使うことで問題やニーズを掘り下げることは重要だが、取り扱おうとしている目的やテーマによって、掘り下げるべき適切なレベルがある。

⑨「過去〜現在〜未来」を聞く

　先ほどの「なぜ」が縦方向に掘り下げていく質問方法とすれば、横方向に広げていく質問方法がある。それが時間軸を広げる方法である。多くのインタビュイーはニーズを問われると「今」のニーズを語りがちである。そのような場合に、「過去」と「未来」に視点をずらして考えてもらうことで、広がりが生まれる。例えば、先ほどの「なぜ」の時の例と同様に、「ノートパソコンに

何を期待しますか」という質問をし、インタビュイーが「軽くて持ち運びに便利なものが良いです」と答えたとしよう。それに対して、「いつ頃からそのように考えるようになったのですか」のように質問を重ねるのが「過去」へ視点をスライドさせる方法だといえる。

そして「軽くて持ち運びに便利だと、どんな良いことが起こると思いますか」のように質問を重ねるのが「未来」への視点のスライドだと言える。これを先ほどの「なぜ」によるタテ方向の掘り下げと併用して行うことで、扱うべきニーズを多面的に引き出すことにつながる。

⑩百聞は一見に如かず

最後は、「ただ見ること」の重要性をあげて10のコツの締めくくりとする。

ディプスインタビューは非常に手間と時間がかかるリサーチ方法である。

手間と時間（場合によってはコスト）がかかるディプスインタビューではなく、アンケートやグループインタビューでも得られる情報には大差がないと思うかもしれない。しかし、協力者の自宅やオフィスなどの「現場」に訪問して行うリサーチと、そうでないリサーチには決定的な違いがある。それは、「言語化されない情報（非言語情報）が集められるか否か」である。ディプスインタビューの10のポイントにおける「ラポール形成」や、「悪意のないウソをつく」の項目でも触れたように、インタビュイーも気づいていない、あるいは明快な言葉で表現できない潜在レベルのニーズを探索するためには、現場訪問のリサーチが有効である。つまりインタビュイーの様子や持ち物などの観察によって言語情報以上に豊かな情報やヒントをもたらしてくれる場合がある。自宅など以外でのリサーチでもディプスインタビューは実施できるが、このような「非言語情報」を得ることはできない。「何がわからないかすらわからないこと」を少しでもわかろうとするならば、現場に足を運び、目に見えるもの、語られる言葉、その場の空気といったすべての情報に身を委ねることが求められる。

このような非言語情報を「ただ見る」ための方法を次項で説明する。

3 観察法の進め方

　言語情報を通して情報を得る調査方法が前述のディプスインタビューである。一方、非言語情報によって情報を得る調査方法が「観察法（行動観察法)」である。

　観察法とは、文字どおり調査対象者の行動や状況を観察して一次データを収集する調査方法のである。マーケティング領域においては、例えば、店頭の陳列棚に並べられた商品に対する消費者の反応や店内での行動を記録し、行動の特徴や法則を解明するために用いられる。

　観察法のルーツは人類学にあるといわれている。民俗学者が、文化や行動様式が解明されていない部族と生活を共にすることで、一定の行動パターンや特徴から、部族の生活習慣や文化様式を見出すために行う研究をエスノグラフィ（民族誌学）と呼ぶ。このエスノグラフィをビジネス向けに応用した方法の1つが「観察法」である。

　観察法で最も重要なことは、「ただ単に観る」ことだ、と言われるぐらい、「ただ単に観る」ことが意外と難しいのである。

　例えば、子どもの目には見えるものすべてが新鮮で、驚きと疑問にあふれていた。しかし経験を重ねて大人になるにつれて、そのような新鮮な感情を持つ機会が少なくなった経験を皆さんも少なからず持っているのではないだろうか。人間は経験が多くなってくるにつれて、理解・判断できることが多くなる反面、経験や知識が少なかった頃には敏感に感じられたことや目についた新たな発見が少なくなるのである。

　本来、目には情報として入ってきているのに、過去の経験によって得られた「理解」が無意識に脳内で補完・説明をすることによって無意識に見ようとしなくなる情報が生まれてくる。これを「認知バイアス」と呼ぶ。無意識のうちに、蓄積された「経験と知識」が思考のメモリ使用量を節約して短時間でだいたい正しい判断ができるように思考を効率化しているのである。つまり、「ただ単に観る」ことは強く意識して行わない限り自然にできることではないということを改めて理解してほしい。特に、自分にとって経験と馴染みのある世界

や環境ならばなおさらである。

　そこで、この「ただ単に観る」ことを助けるために、観察する視点や記録する指針の基準として、次の6の視点をあげることができる。

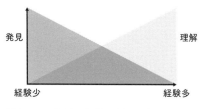

発見　　　　　　　　理解

経験少　　　　　　経験多

図表 4-2　発見と経験の相関関係

・誰が
・どこで
・何をしているか
・状況・環境はどうなっているか
・主体者の他に誰か（何か）いるか
・彼ら、彼女ら（モノも含む）はどういう関係性で関わり合っているか

　これらの視点によって観察を行い収集した情報は、観察の現場では意味の解釈を行わず、現場メモとしてテキストや写真、ビデオによる画像・映像として記録する。

　そして調査終了後、情報のデータ化（映像を文字で説明する、現場の状態を絵に描き起こす）などを経て、ようやく分析と意味の解釈、パターン発見を行う。

　現場で意味の解釈を行わないことの理由は、先入観や思考バイアス（思い込み）を極力排除するためである。ここまでは、観察者の視点で話を進めてきたが、観察者がいるということは、観察対象者にとっては、観察者に「観られている」という状況を意味する。

　この「観られている」ことによる影響をどの程度考慮すべきについて触れておく。つまり観察調査を行う際、観察対象者やコミュニティの一員として入り込んで観察する方法を、「参与観察」（参加型観察）と呼ぶ。一方、観察者の存在が意識されることで、対象者の行動に影響を及ぼすことを避けたい場合には、観察者の存在を公表せず、隠れて観察を行うなど目立った観察行動を抑える場合もある。このような観察形式を「非参与観察」と呼び、観察者の存在感を徹底的に消す様子から「フライ・オン・ザ・ウォール（壁のハエ）観察法」

と呼ぶ。

　観察法を用いた調査においても、このように調査の目的と得たい情報によって用いる手法に対する配慮も必要である。

4 おわりに

　多くの企業は「顧客の理解こそが大切だ」と説明する。そして個々の企業は顧客のニーズの理解を進める。しかし、重要なことは「顧客の多くは、本当に自分が欲していることを語る（言語化する）ことができない」という前提をもって、顧客を理解することである。

　そもそも顧客が簡単にニーズを語ることができず、当の本人すら気づいていない本当のニーズや期待を知るためには情報を丁寧に集め、情報の背後にある容易に解釈できない事象に真摯に向き合うことが求められる。このように、顧客の声なき声に耳を傾け、顧客の発言や行動、しぐさの背景にある考えや感情を解釈することを通じて、重要な「意味を見出す」ことができるのである。

COLUMN 4-1　　　　　　　　　**フィールドワーク**

　本章で紹介、説明したディプスインタビューや行動観察のような、顧客や理解したい対象の人々が実際に製品・サービスとかかわり合いを持っている場所や環境などの「現場」に直接足を運び、話を聞き、何が行われているのかを見て感じることによって、さまざまな発見や理解を得るリサーチスタイルを総じて「フィールドワーク」と呼ぶ。

　今では製品・サービスの開発や企画のために活用されているフィールドワークのルーツは、未開の部族の生活様式や文化を理解するために何年間もの間その部族とともに暮らし、同じものを食べ、儀式などの祭事に参加することで少しずつ、現場で得られる情報と調査者自身が感じた感覚を頼りに知りたかったことを理解し記述していく「エスノグラフィ（民族誌）」調査と言われている。

そもそも「何がわからないかすらわからないこと」を理解しようとする調査アプローチなので、いくら初期段階で予備調査などによる仮説を持っていたとしても、手探りでわずかなヒントを頼りに調査を進めるしかない。そのような調査においては、これはきっとヒントになると思ったものがたいして役に立たなかったり、なんの変哲もないどうでもいい情報だと思っていたものが後に大きな発見の手がかりになったりもする。だから、一見無駄とも思える事項に取り組む、そして、用途は明確に決まらないが、自分自身にとっては何か気になる情報をも簡単には捨てずに集める、このような活動を繰り返すことによって、ある時それまで関係ないと思っていた断片的な情報がつながり始める瞬間がやってくることがある。それこそがフィールドワークの醍醐味である。フィールドワークがもつこのような特性を、佐藤郁哉（2006）は「野良仕事」に例えている。

　「フィールドワークというのは、とてつもなく非効率的で無駄の多い仕事です。この点で、フィールドワークは野良仕事に似ています。
　畑に種をまいてから最後に収穫できるまでに長い時間がかかるように、調査地に入ってからそこに住む人々とコンタクトがとれ、ちゃんと口をきいてもらえるようになるまでには、気の遠くなるような時間がかかるかもしれません。
（中略）
　野良仕事が生きた自然に逆らわないように、また自然との共同作業を通して作物をつくりあげていくように、フィールドワークは生きた人間、社会、文化との共同のなかで異文化についての深い共感にもとづく理解とそれをまとめた「民族誌（エスノグラフィー）」という豊かな実りを生み出していくための方法なのです。」

佐藤郁哉（2006）

　調査は効率よく手間のかからない方法を採用する傾向にある。しかし、刻々と変化する大自然の中で、その変化に対して逆らうことなく

身を任せる野良仕事のような謙虚でひたむきな調査が、大きな発見や豊かな理解につながるのである。

エクササイズ

エクササイズ 1
現在のサービスの問題点を理解するために、「ディプスインタビューの10のポイント」をもとにディプスインタビューの手順を書きだしてみよう。

エクササイズ 2
ディプスインタビュー実施の場づくりをどのように行うかを具体的なインタビュー対象者を設定し考えてみよう。

エクササイズ 3
インタビュー対象者の活動現場に出向き「観察」を、本文の「観察する視点や記録する指針の基準」をもとに実施してみよう。

さらに学びたい方へ ⤵

ジェラルド・ザルトマン（2005）『心脳マーケティング 顧客の無意識を解き明かす（Harvard Business School Press）』（藤川佳則、阿久津聡 訳）ダイヤモンド社。

井登友一他（2016）『UX×Biz Book ―顧客志向のビジネス・アプローチとしての UX デザイン』マイナビ出版。

佐藤郁哉（2006）『フィールドワーク―書を持って街へ出よう（ワードマップ）（増訂版）』新陽社。

Bella Martin, Bruce Hanington（2013）『Research & Design Method Index ―リサーチデザイン、新・100の法則』（郷司陽子 訳）ビー・エヌ・エヌ新社。

5章

インサイトを生み出す

1 はじめに

　一連の会話の中での発話や行動など、容易に数値化できない質的なデータは、そのデータの背景にある固有の環境や状態と切り離して解釈することはできない。このような複雑で固有の環境・背景のことを「文脈（コンテクスト）」と呼ぶ。複雑な文脈を理解し質的な情報を丁寧に解釈することは、表面には現れない隠されたニーズを浮かび上がらせる。そして本質的な理解につなげる。本質的な理解は革新的な発想やアイデアを生み出す可能性を高める。インタビューや行動観察から、質的に深い発見が数多くもたらされる。本章では、得られた発見から新たな意味を見出し、インサイト（洞察）を導き出すプロセスについて学ぶ。

2 インサイトと情報

2-1 質的情報と量的情報

　「質的（定性的）情報」は、明確に計量化や数値化することができない複雑な意味を含んでいる。そして、多様な解釈を行うことができる可能性を持っているこのような質的な情報の典型的なものとしてあげられるのが、調査協力者との一連の会話の中で得られた特徴的な発言や、その際に相手が行っていた行動や表情、しぐさ、などである。

　一方、アンケートで得られた回答結果や、統計的な方法を用いて集計・分析された調査結果など計量化・数値化が可能なデータのことを「量的（定量的）な情報」と呼ぶ。

　量的なデータは明確に数値として現れるため、あらかじめもっていた仮説を定量的に評価し、検証するのに向いている。

　調査を行い、有益な情報や「発見」が得られたとしても、そのまま使えることは稀である。さらに多くの「発見」を組み合わせ、複数の「発見」を俯瞰す

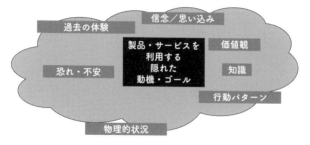

図表 5-1　インサイトのイメージ

ることを通じて、個別の発見の背後に存在する「新しい視点や見方」の発見に
つなげるのである。

　このようにして見出された、「新しい視点や見方」のことを「インサイト
（洞察）」と呼ぶ。

　良いインサイトは往々にして、「言われてみれば当たり前のこと」であるこ
とが少なくないが、同時に、これまでその当たり前を誰もあえて言わなかった
こと、気づかなかったこと、でもある。

　このように、質的に深いリサーチを通して収集した数多くの「発見」を、丁
寧に解釈した結果として得られるものが「インサイト」であり、ユーザーに
とって革新的な経験価値をもつ製品・サービスを発想するサービスデザインに
おいてはこの「インサイト」が最も重要である。

　それでは、どのようにすれば良質なインサイトを得ることができるのだろう
か。ユーザーに対して調査を実施すると、既存の製品・サービスの利用状況 1
つとってみても「こういう場面ではこのような使い方をするのか」、「作り手の
思惑とは違った期待や困りごとがあるのか」といった意外な発見がある。ま
た、ユーザーが製品・サービスと関わる文脈の中でどのようなことを考え、感
じているかについての驚きがあるかもしれない。このように、「ユーザーの生
の声」が多くの気づきをもたらしてくれる。

　インタビュー現場には、「この発言にはなにかヒントが隠されていそう」と
感じさせる発言や、ユーザー自身の価値観や人柄を特徴的に表している発言な
どを発見することができる。

図表 5-2　価値と文脈の関係

しかし具体的に何が期待されている価値なのか、本当に欲していることは何かについて、的確に理解することは簡単なことではない。ましてや、リサーチの現場に同席していなかった人間であれば、文字として書き記された断片的な発言内容や行動記録だけを見て、その意図を解釈することは不可能に近い。

つまり個別の発言や行動の背後には、その対話が行われた現場の雰囲気、全体的な会話の流れ、前後の発言、インタビュイー自身のパーソナリティなどの複雑な文脈（コンテクスト）が存在している。そして、これらはセットになって意味をつくっているのだ。

つまり、具体的な発言や行動をデータ化した事実（ファクト）と、背後にある文脈は切り離して扱うことができないのである。

2-2　文脈（コンテクスト）と翻訳

自分ひとり、もしくは常に同じ文脈を共有できる仲間だけでこれらの質的に深い情報を扱う場合は、いわゆる「阿吽」の呼吸で情報を解釈し、ユーザーの隠されたニーズや期待価値を見出すこともできるかもしれない。

しかし、異なるバックグラウンド（背景）を持つ複数の関係者がプロジェクトに関わる場合にはそうはいかないのだ。

質的に深い解釈を必要とする文脈の理解において必要なことは、複雑な文脈を理解している限られた人間しか理解・解釈できない質的情報を、そうでない人間でも適切に理解できる状態に噛み砕いていく「翻訳」を行うことである。

ここでいう「翻訳」とは、調査を通して得られた調査協力者の特徴的な発言や行動が、本人にとってどのような意味を持っているのかを解釈していくことである。それはポジティブ（肯定的）なものか、それともネガティブ（否定的）かを理解し、その理解を通してより良いサービス体験の発想・創造につながる問題（ペイン）や期待や顧客満足項目（ゲイン）を明らかにする。

そのような「翻訳」は同時に、調査で得られた数々の断片的な「発見」から

「インサイト」を見出すことにもつながる。

　前述したように、個々の断片的な発見は丁寧にリサーチを行うことで何かしら必ず得ることができる。しかしインサイトは自動的には得ることはできないし、必ず得ることができるとも限らない。

　なぜならば、インサイトとは客観的な発見（情報）をたくさん集めたうえで、それらを主観的に解釈することで意図的に意味を見出すものだからである。そのため、解釈する側の意図や意志が必要とされる。

　客観的な情報から得られる「発見」は、ある意味根拠が明確なので取り扱いに主体性はさほど求められない。しかし主観的な解釈によって意図的に新しい意味を見出すことによって得られるインサイトは、それが正しい解釈なのかそうでないのかについては、客観性がないため判断に迷う場合が多い。

　ただし深いレベルの解釈プロセスを経て得たインサイトは、あるテーマを考えるうえでシンプルだが深い「新しい視点」をもたらしてくれる。

　これが『良質なインサイトほど「言われてみれば当たり前のことだが、誰かがそのインサイトを提示するまで誰もそれに気づかなかった」』と言われることが多いことの理由である。

　では、そのような深いレベルの翻訳作業をどのようにして行えば良いのだろうか。

　一例として、実用的な質的情報の分析・解釈手法の1つを紹介する。

2-3 KA法による価値抽出作業

　前述した「翻訳」とは、デザインリサーチの世界では「価値抽出」という言葉で表現される。具体的には、調査を通して得られた発話や行動観察の記録などの「事実（ファクト）」から「背後にある固有の文脈（コンテクスト）」を、特殊な方法を用いて明らかにする。そして、誰が見ても大きく理解と解釈がブレない純粋な「価値」だけを見つけ出す。

　「特殊な方法」とは、発言や行動の記録といった事実が生み出された際のインタビュイーの「心の声」を前後の会話や文脈から解釈・推察し、さらにその「心の声」が本来求めているであろう「価値」の表現へと二段階で変換してい

くことである。

　具体的な事例として、例えばクルマがもたらす経験価値や新しい視点からのサービス体験に関するヒントを探るようなインタビューをイメージしてみよう。

　インタビュアー（インタビューを行う人間）がインタビュイー（インタビューを受ける人間）に対して新しい車に乗った際の印象や体験について質問した際に、「すごくドキドキしました」という発言があったとする。新車に初めて触れたときの感情を端的に表現している発言例であるが、もしこの発言がなされたときのインタビュイーの表情がとても明るく、ワクワクした印象である場合の「心の声」は、「最先端の体験はワクワクする。楽しい！」といった解釈ができるだろう。そして、そのような「心の声」の背景にある期待価値は、「常に最先端のものに触れていられる価値」や「自分自身が常に最先端の状態でいられる価値」のように解釈できるかもしれない。それでは、同じ発言の際、インタビュイーの表情が不安げだったとしたらどうだろうか。その場合の「心の声」はひょっとしたら「今まで乗っていた車の操作性と著しく違っていて、操作を間違え危うく事故を起こしそうになり怖かった…」なのかもしれない。

　そのような場合、「心の声」の背後にある本質的な期待（価値）は「常に間違うことがなく安心できる価値」あるいは「自分が変化しなくても周りが合わせてくれる価値」であると解釈できる。

　このように、事実を記録した情報（ファクト）だけだとその場の固有の文脈を推察できない人間には解釈できない質的な情報を丁寧に解釈する。そして解

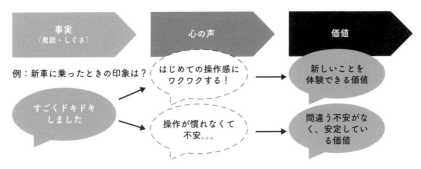

図表 5-3　KA 法による価値抽出のプロセス

釈や判断がぶれない純粋な状態に変換することによって、本質的な価値を明確にするのである。

　この変換手法を KA 法と呼ぶ。

　KA 法は紀文食品で現在チーフ・マーケティング・アドバイザーを務める浅田和実氏が考案した価値抽出手法で、一般的にグラウンデッド・セオリー・アプローチ（グレイザー、ストラウス　1996）と呼ばれる社会科学領域で用いられる質的解釈のための分析方法を、製品開発やマーケティングに応用しやすいように浅田氏がアレンジしたものであると言われている。

　KA 法の根幹にあるのは「ラダリング」という考え方である。

　ラダリングとは文字どおり「はしご」（ラダー）を上り下りするようなイメージで、対象者の「心の声」に迫っていく。さらにまた一段はしごをあがるように「心の声」が求めている「価値」に変換していく。

　さらに、変換した「価値」を起点としてはしごを下りていった先にある「具体的な事象」にどのようなものが含まれているのかを逆方向から見てみる。そし

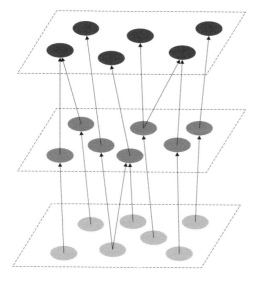

図表 5-4　ラダリングの構造

て、その「価値」表現が適切なのか、あるいはより的確に文脈や意味を表現できる言葉はないかを検討する。このような作業によって最終的にアウトプットされるさまざまな「価値」に、より納得感のある意味を見出すことが可能になる。

ディプスインタビューや行動観察などの探索的なリサーチを通して得られた質的データを、このような方法で文脈解釈し、純粋な「価値」群として落とし込む。するとさまざまなプロジェクト関係者の間で、重要に扱うべき「価値」を全員の共通理解の材料にすることが容易になる。

3 価値の全体像を把握するための価値統合

価値の抽出を一とおり終えたら、さまざまな種類の価値の全体像をつかめる状態にする。一般的に、1人のインタビュイーに対して2時間程度のディプスインタビューや行動観察などを行った場合は、平均約60〜80程度の「価値」が抽出される。そして価値の総数は調査対象人数の掛け算になるため、10人前後のインタビュイーから得られる価値の総数は600〜800程度にも及ぶ場合もある（実際には、意味的に重複する価値も存在するので整理を行うと最終的には価値総数の80%程度に整理される。それでも膨大な価値総数ではある）。

1人の人間の中にも価値（観）が複数存在する。1人の人間でも倹約家の場合もあれば、思い切って散財したくなるときもある。また、ポジティブ思考の場合もあれば、ネガティブな考えで落ち込みたいときもある。1人の人間の中にすらそのようなさまざまな価値（観）が存在しているため、複数の人々にはより多様な価値が存在、偏在する。

それでは、そのようなさまざまな（そして時と場合で変化することもある）価値の持つ意味や文脈を見出し、全体像として捉えるためにはどのようにすれば良いのだろうか。

膨大な価値を俯瞰的に解釈し、あるテーマに関する価値の全体像として可視化する方法を「価値統合」と呼ぶ。そしてその作業の結果アウトプットされる成果物を「統合価値マップ」と呼ぶ。複数存在する価値を統合していくことは、抽出された個々の価値を多様な基準で組み合わせ、ユーザーなどの対象者

が求めている真の価値を見つけ出すことであるとも言える。

それでは、価値統合の具体的な実施方法、および統合された価値の可視化ツールである「統合価値マップ」作成の手順について説明する。

まず、前述したKA法による価値抽出を経て生み出された数々の価値をカード化し、テーブルに広げる。

次に、何かしらの共通点で似ているもの同士でグループ化できそうなカードをまとめる。そしてグループ間で相関性や関連性を見出せるものがあれば、グループ同士の位置関係や「グループ同士の間をつないでいそうな意味」を書き加えたりしながら整理してゆく。

さらに、いくつかの価値カードをグループ化したものの上位概念と呼べるようなラベル（価値グループの名前）を付け、関係性を見出して配置し直していく。このような作業を続けていくと、個々の価値や、価値グループ同士の関係性が地図のように配置された状態になるのである。以上のように、整理、分類、統合された価値の全体像を「統合価値マップ」と呼ぶ。

統合価値マップは、複数の人間の心の中や頭の中にある価値をあぶり出し、本来客観的に捉えることが難しい価値の全体像として可視化したものになる。

このような統合価値マップを用いて価値の全体像を眺めてみると、さまざまに存在する価値群の中に、大きな価値の方向性（指針＝クライテリア）が浮か

1. KAカード（価値）を俯瞰する
2. 関連性や類似性を見出す
3. 価値群を表すラベルをつける

4. 価値群をメタ視点で見て、構造化する
5. さらに上位の価値ラベルをつける
6. 上位価値同士の相関性、指向性、時系列などを見出しマップ化する

図表 5-5　KA法を用いた価値変換と価値統合の手順

び上がってくる。

　この大きな価値の指針を後ほど取り上げる「ペルソナ」につなげることができる。すると、抽象度が高く、人によって解釈や理解に相違が起こりがちな「価値」を、誰にとっても理解しやすく、共通の捉え方で具体的にイメージで

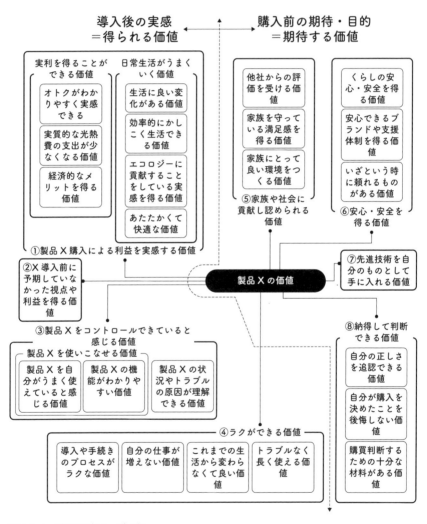

図表 5-6　統合価値マップの例

　　　　　　　　　　3　価値の全体像を把握するための価値統合

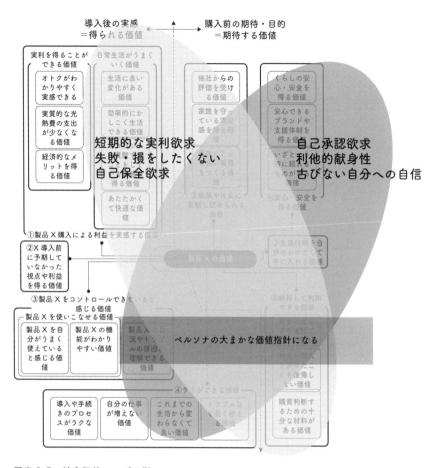

図表 5-7 統合価値マップの例

きる「人格」としてさらに取り扱いやすいものができる。

4 「ペルソナ」の定義と設定のポイント

　自社にとって最も重要な顧客を描き出す方法としての「ペルソナ」は、今や
デザイナーやマーケターのみならず広くビジネスの現場で知られている。

ペルソナとは以下のように定義できる。

「自らがデザイン、発想すべき製品・サービスなど何らかのテーマに関する、特徴的かつ特有の価値観や考え方、ゴールを持っている仮想の顧客像」

次に、ペルソナ設定における3つのポイントを確認する。

ペルソナ設定の3つのポイントとは、

①何にでも使える（適切かつ有効な）ペルソナは存在しない

②ペルソナは単に合理的かつ効率的なニーズを記述するものではなく、期待される価値と文脈を記述するものである

③ペルソナは1つではない

ペルソナという考え方が意識的に必要とされ、体系化された背景にはソフトウェアデザイン・開発の急激な進歩があると言われている。

1990年代から2000年代初頭にかけて、コンピューターの進化に伴いソフトウェアは一部の専門家や技術者のためのものから、より一般的な人々の業務に活用できるものに変化した。一般的な人々の業務とは例えば、経理担当者が給与計算を行う、や電話交換手が顧客からの問い合わせ処理を行うなどである。

ソフトウェアがコンピューターをよく知る人間にしか使われなかった時代には、多くのユーザーはソフトウェアがどのようにつくられ、どのような仕組みになっているかが大体理解できた。そのため、ソフトウェアをつくる開発者はソフトウェアのユーザーを自分自身と同一視すればよかった。つまり、開発者である自分自身が理解でき、かつ開発しやすいようにソフトウェアをつくりさえすれば、ユーザーも同じように仕組みや設計意図を理解し使えるだろうと考えていれば良かったのである。

しかしITの進化がもたらしたコンピューターが使用される環境の急激な拡大に伴うソフトウェアユーザーの爆発的な広がりは、そのような状況を一変させる。ソフトウェアがどのようにつくられているか、どのように使うことが効率的なのかなどには知識や関心のない人々がユーザーになるようになった。それらの人々は、ソフトウェアを使うことによって自身の業務目標を簡単で便利に成し遂げたいだけの欲求だけを持っている。

このような状況の変化によって、開発者にとって都合の良い手順や発想ではなく、ユーザーにとって本質的なゴールを達成させることを起点とした、製品・サービスをデザインすべきであるという考え方が生まれてきた。このような考え方を、「ゴールダイレクテッドデザイン（ゴール指向型設計）」と呼ぶ。

5 おわりに

　顧客に関する情報から本質的な問題を発見し、新たなサービスの創造に結び付けるためのプロセスを確認した。そのプロセスで活用できる具体的な手法の使い方として、KA法、統合価値マップ、ペルソナの内容と有効な活用方法について説明をした。個々の手法を理解し活用するだけでなく、個々の手法を組み合わせることによって、より本質的な問題の発見の発見につなげることができる。

COLUMN 5-1　　　　　　　**ペルソナの3つのゴール**

　本章で触れた「ペルソナ」という概念を形作った中心人物が、当時マイクロソフトにおいてソフトウェアをつくるためのソフトウェアである「Visual Basic」を開発していたアラン・クーパーである。そして、クーパーは、ユーザーにとっての「ゴール」には、次の3つのレベルが存在するとしている（Cooper 2008）。

　第1にエクスペリエンスゴール、第2にエンドゴール、第3にライフゴールである。

　エクスペリエンスゴールは、本能的認知プロセスに関連する。ユーザーがどのように感じることを求めているかに関するゴールである。

　エンドゴールは、行動的認知プロセスに関連する。ユーザーが何をしたいか、何を知りたいかに関するゴールである。ライフゴールとは内省的認知プロセスに関連する。ユーザーが誰になりたいかに関するゴールである。

つまりユーザーのゴールとは、単に製品利用の際の利便性や単なる結果としてのゴールを指すのではなく、製品使用を通して自身の中に生み出される価値をどのようにして得るのかを文脈的に定義したものである。

　あらゆる製品・サービスが複雑さを増していくこれからの社会において、ユーザーがしたいことを効率良く、合理的に行えるように製品・サービスをデザインすることは確かに重要であるが、「何ができるか」だけでなく、それを「どのように」できるか、「なぜ」そのようにしたいのか、を深く理解・解釈した上でデザインに反映していくことが今後一層重要性を増していく。

　この3つのレベルのゴールを鮮やかに描き出すためにも、ペルソナが大切な役割を果たすのである。

エクササイズ

エクササイズ1

インタビューあるいは観察によって得た情報を、ポストイットなどに記載し一覧にしてみよう。そこから気になるポストイットにタックシールなどを使ってマークしてみよう。

エクササイズ2

エクササイズ1で得た気になるポストイットなどの「心の声」を考えて異なる色のポストイットに書き出してみよう。

エクササイズ3

「心の声」から推測される、その人間の価値観や判断基準が何かを考えて、ポストイットなどに書き出してみよう。

さらに学びたい方へ ⤴

安藤昌也（2016）『UX デザインの教科書』丸善出版。

6章

コンセプトを創る

1 はじめに

　本章では、新規ビジネス創出におけるコンセプトの重要性と作り方を学ぶ。

　これまで本書では、サービスデザインの特徴や顧客を理解する方法について学んできた。この章からは、実際にサービスデザインを用いて新規ビジネスを作成する実践的な内容となる。その最初がコンセプトの作成である。

　コンセプトとは、顧客を理解したうえで、その顧客に何を与えるのかを言葉で表現したものである。抽象的なビジネスの概念を誰もがパッとイメージできるようにしたもの、と言える。例えば、ダイソンの掃除機のコンセプトは「吸引力の落ちないただ1つの掃除機」だし、バルミューダのトースターは「感動の香りと食感を実現するトースター」である。その言葉だけで、顧客にとっての「未知の良さ」すなわち、課題と解決の方向性がわかるものが、サービスデザインにおけるコンセプトである。1章のダブルダイヤモンドの図に当てはめると、真ん中の点がコンセプトにあたる。つまり、具体的にビジネスのアイデアを出したり試作したりする時にチームで共有しておく標語、具体的にビジネスを展開するうえでトライアンドエラーを行う起点となるポイントである。

　では、コンセプト作りに必要なのは何だろう。それは5章で学んだ顧客を理解する方法である。顧客を理解し、「あなたへのサービスはこうする方が良いのですよね」と言語化したものがコンセプトとなる。コンセプトはビジネス創出の起点であり、完成したビジネスを顧客に示すゴールであると言える。

2 サービスデザインの目指すところ

　本章よりワークショップなどで用いるような実践的な内容に入るため、ここまでの議論をまとめる。サービスデザインでは、製造業やサービス業など業種を区別せず、あらゆる事業を「サービス」として捉える。そのうえで、顧客の価値観に寄り添った製品を「デザイン」する。機能を顧客にそのまま与えるのではなく、顧客が求める「サービス」として提供するということであり、その

ためには、モノ、ユーザー、場所などを含めたシステム全体をデザインする必要がある。

そこで考えなければならないのは、顧客は何に「感動」するのか、という点である。サービスデザインでは顧客の感情から顧客経験価値を測定する。顧客経験価値とは「製品・サービスを用いた時の経験こそがその製品・サービスの価値である」という考え方であり、使った時の感動と言っていい。それはもちろん、顧客それぞれで異なり、時と場合で異なる。

サービスデザインのキーワードとしてよく用いられるのが「共感」である。一般的に共感は、「泣いている人がいたためこちらも悲しくなった」といったSympathy の意味で用いられるが、サービスデザインにおける共感は Empathyの意味である。「泣いている人がいたので、なぜ泣いているのかを考えた」といった、その原因を探り論理立てて把握することである。

つまりサービスデザインでは、事業をサービスとして構築するために、顧客の感情の原因を把握し、課題と解決の方向性を考えることが重要となる。これを体現するのがコンセプトの作成である。

3 コンセプトの作成

3-1 ペルソナの設定

コンセプトとは顧客にとっての「未知の良さ」となる課題と解決の方向性がわかるものである、と上で書いた。コンセプトの導出には顧客と課題が必要である。つまり、コンセプト創りに重要なのは顧客の理解である。

新しい製品・サービスを購入する顧客を想定する方法として「ペルソナ」がある。ペルソナとは、とある存在しそうな人間の人生を記述することで、顧客をチームで共有し動かすサービスデザインツールである。自社にとって最も重要な顧客を描き出す方法としての「ペルソナ」は、今や広くビジネスの現場で用いられている。読者の多くが言葉くらいは耳にしたことがあるだろう。

そこでまずは、ペルソナを作成する。とはいえ、何もないところからペルソ

ナは生まれないので、新規ビジネスの想定顧客なのか（若者にも使って欲しい、女性が好む…など）、現在のヘビーユーザーなのか、経験から得られた（よくアンケート意見をくれるといった）「こんな人」なのかなど、最初の想定は必要となる。しかし難しく考える必要はなく、自社がファンにしたい象徴的な人物像を描くことから始めると良い。

　ではペルソナを作ってみよう。まずわかりやすい顧客像の想定は「写真」である。ネット上のフリー素材などから顧客像に近い写真を選んで来よう。次は氏名である。チームで呼び合う上で名前は非常に重要な項目である。写真と氏名、年齢、性別、居住地、職業、勤務先、年収、家族構成といったセグメントの用意ができたら、生い立ち、性格、人生のゴール、ライフスタイル、価値観、趣味嗜好まで、その人間性を形成した背景や現状を設定し、あたかも実在するかのような人物像を設定する。これによって、このペルソナが何をもって豊かな人生と考えているかを想定でき、新事業における顧客の価値発見につながる。ペルソナができることで、「動かせる」理解すべき顧客を手に入れることができるのである。

　ペルソナ作成の根底にあるのは、「顧客は自分の経験から、自己の価値観を形成する」という考え方である。みなさんも自分の生活で価値があると思うものは、なぜその価値があるかを考えてみよう。多くの場合、これまでの経験上

図表 6-1　ペルソナ　イメージ
©Ayaka Okubo

　　　　　3　コンセプトの作成

重要だったから、という理由ではないだろうか。顧客の行動や判断のベースにあるのは経験である。だからこそ、多くの人間は論理的な行動をとらず、経験に基づいて直感的に何も考えずに行動しているのに、自分ではそれが最適な行動であると思い込んでいる。

3-2 カスタマージャーニーマップの作成

　ペルソナが完成したら、次は「カスタマージャーニーマップ」を作成する。カスタマージャーニーとは、複雑化している顧客の行動を捉えるための考え方で、顧客が購入に至るプロセスからその製品・サービスを利用したあとまでを可視化することにより、新たなサービス設計につなげることが目的である。顧客がどのように製品・サービスと接点を持ったのか、どうして関心を持ったのか、なぜ購入意欲を喚起されて購買や登録を行い、その後のフォローはどう感じたのか、という道筋を「旅」に例え、そこに顧客の行動や心理、感情を時系列的に可視化したものをカスタマージャーニーマップという。

　カスタマージャーニーマップでは、形式や描写方法に決まった形はないが、顧客の行動を時系列でステップ化し、タッチポイント別の行動や感情、心理について一覧化されているのが共通点である。

　タッチポイントとは、製品・サービスと顧客とのすべての接点を指す。その製品・サービスに関して顧客が想定するあらゆる接点が当てはまる。広告のような、企業側から意図して発信される接点だけでなく、口コミのように顧客の周辺から発信される接点も含まれる。すべて顧客視点で描くことがカスタマージャーニーマップの特徴である。こうして描かれたカスタマージャーニーマップからは、顧客がどんな場合に感情（テンション）が下がるのかを知ることができる。あるいは、どこをゴールと設定するかによって、製品・サービスの位置づけを見直すことにもつながる。

　ここでも、ペルソナのどのような場面におけるカスタマージャーニーマップを作成するのかは、ペルソナと想定しているサービスとの関係による。休日の趣味に用いるサービスであるならば、そのサービスを利用する前後の行動を含めたジャーニーマップを作成する必要があるし、ペルソナがこれまで触れたこ

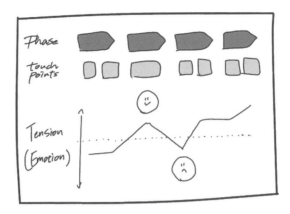

図表 6-2　カスタマージャーニーマップ　イメージ
©Ayaka Okubo

とがないサービスを考えているのであれば、そのサービスをどのように発見するのかからジャーニーマップを作成する必要がある。

3-3　コンセプトの導出

　ペルソナを描き、自社商品のカスタマージャーニーマップを描くことで、このペルソナがどんな場合にテンションが上がり（ゲイン）、またどんな場合にテンションが下がる（ペイン）のかを、時系列でシミュレートすることが可能となる。このシミュレーションは、一方的な企業側からの想定ではなく、ペルソナ視点からの冷静な製品・サービスへの評価である。そこで得られた大きなテンションの下落ポイントがペインポイントと呼ばれるものであり、いくつかのペインポイントを同時に見ることで、ペルソナがどんなときに大きく失望するのかを知ることができる。

　そこでどのような解決のヒントが考えられるかを、1つのポイントでの課題解決だけでなく、複数のポイントについて考え、ついにはカスタマージャーニーマップ全体を見て、このペルソナはどんな時にテンションが下がり、どのような解決の方向性が合っているのかを考える。この1つひとつは具体的な解決のヒントであったものの共通点を探り、抽象化したものがコンセプト案で

ある。

　コンセプト案はいくつも考えて、最もワクワクするものを選出するのが望ましい。なぜならサービスを体現したコンセプトを他者に説明するにあたって、ワクワクするという指標こそが他者をも巻き込みやすくなるためである。コンセプトの用い方もサービスデザイン的であるべきだ。

3-4 コンセプトとは「舞台」×「感情」

　以上を総合すると、コンセプトとは課題解決の方向性をわかりやすく、ワクワクさせるような言語で抽象的に表現したもの、と言える。しかしこれだけではわかりづらいので、具体的に説明を求められた場合は、『コンセプトとは「舞台」×「感情」である』という表現を用いている。

　舞台と感情というのは、それら2つの情報があると場面が浮かぶものである。例えば映画のポスターや予告編は、最も印象的な場面、作り手が最も伝えたい場面を用いることが多いであろう。つまり、その映画のコンセプトを体現しているのがポスターや予告編である。サービスデザインのコンセプトにおいても、場面が浮かべば、イラストなり写真なりで伝えたいことを表現することが可能となる。誰が、どこで、どんな気分になる、この表現がサービスデザイン的な課題解決のコンセプトである。

4 コンセプトワーク

　誰を、どこで、どんな感情にしたいのか、を導出できるのは何もペルソナとカスタマージャーニーマップだけではない。そもそもサービスデザインのツールには、決まった使い方などない。ここでは、テーマに基づいた顧客にとっての未知の良さを、付箋を用いたグループワークだけで導出する方法も記す（五樹　2012）。グループワークのルールは、(1)メンバーの意見を否定しない。(2)「書く」と「話す」は別の時間を設ける。(3)似たアイテムは近くに、似ていないアイテムは遠くに置く。である。

4-1 コンセプトのアイテムを集める

①自社を取り巻く業界の悪口を思いつく限りあげる。

　悪口というのは思い付きやすいものである。よって、まずは悪い点というアイテムを集める。

②悪口の原因を考え「最悪」を作る。

　2〜3回、悪口の原因を「なんで」と考えてみる。複数の原因を組み合わせると「最悪」が作れる。この最悪の反対こそが課題解決の方向になる。

③「最悪」を反対にして「最高」を作る。

　最悪の反対を考えて「最高」にするのであるが、言葉の反対ではなく状況の反対を思い浮かべることが必要である。

④多様な価値観でアイテムを増やす。

　最悪なことも立場や見方を変えることで価値が変化する。自分とは違う人の立場でここまでのアイテムを眺めることで、さらにアイテムを増やす。

⑤趣味を起点に、アイテムを増やす。

　趣味とはもちろん自分が熱中できる「たのしい」ことである。趣味とテーマの共通点、自分の趣味の「好きなところ」を具体的にあげ、「好きなところ」とテーマを合体させたアイデアを思い浮かべることで、さらに「たのしい」につながるアイテムを増やす。

4-2 アイテムのグルーピング

⑥アイテムをグループ化する。

　メンバーと相談しながら、2〜8枚ごとにアイテムをA4紙などに貼り、アイテムグループのタイトルを付ける。このグループは自分の感性を整理するためのものであり、グループのタイトルも直感に従ってつけて良い。似ているグループは近くに、似ていない

図表6-3　コンセプトワーク

グループは遠くに並べる。

⑦全体の流れと軸を作る。

　グループの対を考え、現状の課題（AsIs）とあるべき理想（ToBe）として整理し、流れを矢印で表現する。矢印を描く、作成する、紐でつなげるなど工夫が必要である。

4-3　ストーリーテリングとコンセプト

⑧ストーリーを作る。

　複数本の矢印を、一本の大きな矢印にするイメージでまとめる。矢印の始点から終点までのグループタイトルを飛ぶようにたどりながらストーリーを作る。ここでのストーリーはカスタマージャーニーとは異なり、顧客体験と理想の製品・サービスとの関係を、顧客目線からもっと大きな文脈で捉えた「お話」である。グループタイトルを順番になぞるようにストーリーを組む。

⑨コンセプトを作る。

　自分のストーリーに沿ったコンセプトを作る。⑧のストーリーにタイトルをつけるとしたら何だろうか。それがコンセプトである。「人」どんな人に、「舞

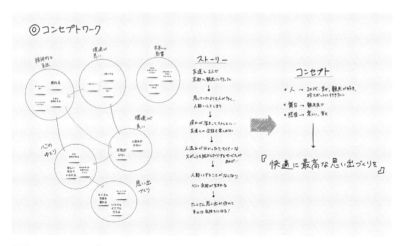

図表6-4　コンセプトワーク　イメージ
出所：筆者ゼミ生作成

台」どんな場所で、「感情」どんな感情になって欲しい？

4-4　コンセプトワークの意味するところ

　ここまで、コンセプトワークの流れをざっと紹介したが、そこで行われている作業の意味するところは、情報の整理と思考の方向付けである。

　大学教育では、「論理的思考」の重要性を解くことが多い。しかし、その手法を他者に説明できる人間は多くない。もちろん、思考する上で常に「なぜ」と問い続けることは、体型的に物事をとらえ、矛盾や飛躍の少ない思考方法と言える。しかし、その「なぜ」の答えは、常に後付けで探された解答ではないだろうか。

　ピンボールの台をイメージしよう。テーマに対する人間の思考とは、重力に従って自然落下するボールのようなものだと考える。対して、知識や発想は落下するボールの位置を決めるピンや壁である。何の知識も発想もないまま打ち出されたボールは、そのまま位置を変えずに落下するだけである。ピンや壁にぶつかることによって、いい落とし所としての「誰が、どこで、どんな感情に」というコンセプトが見つかるのである。

　そこで、コンセプトワークにおけるアイテム集めとは、頭の片隅に眠っている、一見テーマとは無関係に見える知識や発想をたくさん収集することを意味する。コンセプトの可能性を広げる役割を担う。同様に、アイテムのグルーピングは知識や発想の整理である。個々の具体的なアイテムを抽象化することで、課題を解決するコンセプトの形状をざっくりつかむために実施する。最後のストーリーテリングは、グルーピングしたアイテムを、課題から解決方向へと流れを作る作業である。物語の流れを作ることで、課題に対するコンセプトの本質が見えてくる。

　このように、テーマに対するあらゆる可能性を取り込み、一度形を無くしてから新たに整形することで、説明できない思考の流れを可視化する。これがコンセプトワークの本質である。

5 おわりに

　本章ではサービスデザインにおけるコンセプトについて学んだ。コンセプトとは、ビジネスのアイデアを出したり試作したりする時に、チームで共有しておく標語である。課題に対する解決の方向性を発見するために作成する。

　新規ビジネスの概念は、頭で考えているうちは意外と抽象的なものになりがちである。この概念をチームや会議でパッとイメージさせるためにも、コンセプトは重要である。

COLUMN 6-1　　**カスタマージャーニーマップの調査利用**

　筆者は本書でイラストを手掛けた大久保彩花（Ayaka Okubo）さんとともに 2019 年秋、京都で日本酒に関する調査を実施した。訪日外国人に日本酒を飲んでいただき、カップに注いでから飲み込んで余韻を味わうまでのテンションの変化とその心の声を、カスタマージャーニーマップに書き込んでもらうというものである。本章でも触れたが、カスタマージャーニーマップの利点は、サービスデザインが「感動」という本来測定できない指標を用いるうえで、それを可視化できるツールだということ。コンセプト作りではカスタマージャーニーをペルソナの行動シミュレーションに用いることで、グループの意思統一を行った。

　この日本酒調査では、外国人というインタビューが難しい対象、また、多くのサンプル数を得たい対象に、文脈的インタビュー代わりにカスタマージャーニーマップをサッと描いてもらうことで、とても興味深い分析結果が得られた。それは、鼻に日本酒を近づけた時のテンションが、日本酒体験全体に及ぼす影響がとても大きいこと。

　サービスデザインのツールには、用いる意味や使い方の説明を受けないと使いこなせないものが少なくない。しかしカスタマージャーニーマップは、洗練されたシートを用意すれば初見でも使い方がわかるため、このように実地調査に用いることが可能である。

外国の方へのインタビュー調査
2019 年 11 月、京都にて

体験のデザインには、葉書やメールで送られてくるアンケートよりも、その体験中の気分や感情のデータの収集が有用である。人間はその商品がダメな理由はすぐに浮かぶが、良い理由はなかなか出てこない。しかし体験中かつその理由を書かなくていいのであれば、自身の感情をすぐに描くことはできる。

そして何より、自身の感情を描き出す作業は楽しいのである。

エクササイズ

エクササイズ1

自分が好きな商品をよく観察し、感じたことをすべてメモしてみよう。

エクササイズ2

上記商品をその商品たらしめているものは何か。メモをもとに考え、文章として構築しよう。

エクササイズ3

文章をもとに、より自分好みにするコンセプトを考え、新商品のアイデアを出してみよう。

さらに学びたい方へ ⤵

ダニエル・ピンク（2019）『ハイ・コンセプト「新しいこと」を考え出す人の時代』（大前研一 訳）三笠書房。

佐藤可士和（2010）『佐藤可士和のクリエイティブシンキング』日本経済新聞社。

7章

アイデアを生み出す

1 はじめに

　サービスをデザインする際の基本的なアプローチは、本質的な問題を特定し、その解決策を検討することである。本章では、後者の方法論について解説する。

　解決策を検討するプロセスは、「アイデアの発想（拡散）、アイデアの選択（収束）、アイデアの視覚化とテスト」の3つのステップで構成される。この章で記述する内容は、アイデアの探索段階を前提とするため、それぞれのステップに時間をかけず、素早くテストを行うことが重要である。

　アイデアの発想の節では、アイデア発想の基本的な考え方、ブレーンストーミングのルール、そしてアイデア発想法の活用について記述する。チームでアイデア発想する際は、ここに記述している内容を最低限のルールとして周知してほしい。パフォーマンスに大きな差が出るはずである。

　アイデアの選択の節では、アイデア選択の基本的な考え方、選択の方法について記述する。良いアイデアを考えても、それが選択されなければもったいないので、アイデアの選択にも留意してほしい。

　アイデアの視覚化とテストの節では、アイデアの可視化に関する基本的な考え方、可視化の手法、テストのメリットについて記述する。テストをすることでアイデアの妥当性を確認することができるため、早い段階で素早くテストを実施することがポイントになる。

2 アイデアの発想

2-1 アイデア発想の基本

　アイデア発想の基本は「拡散と収束を分ける」「個人で発想後に集団で発想する」の2点である。

（1）拡散と収束を分ける

　アイデアを発想するときは出すこと（拡散）に専念し、出し切った後で選択（収束）する。例えば、車のアクセルとブレーキを例にすると、拡散するときはアクセル全開で突っ走るイメージである。途中でブレーキを踏んではならない。ブレーキをかけるのは、走り切った後で行う。つまり、アイデアがこれ以上出ない状態になってからアイデアを選択するというのが基本な考え方である。

（2）個人で発想後に集団で発想する

　まず一人でアイデアを考える時間を設けて、その後で集団（チーム）でアイデアの共有とアイデアの発想を行う。なぜ、最初に、個人で発想するのかというと個人の多様な意見を生かしたいということが理由である。別の言い方をすると、最初から集団で発想すると他者の影響を受けてしまい、個人のユニークなアイデアが表に出てこないことを避けるためである。特に、大人しい性格の人や控えめな性格の人は、面白いアイデアを考えていたとしても出さないことがある。それを避けるためにもこの方法は有効である。

2-2　ブレーンストーミングのルール

　ブレーンストーミングとは、集団でアイデアを発想する手法であり、オズボーンが考案したことからオズボーンの4原則とも呼ばれる。「自由奔放、判断遅延、質より量、便乗発展」の4つのルールで構成される。では、それぞれについて解説する。

（1）自由奔放

　子供（未就学児）のように人の目を気にしてはいけない。人は成長に伴い、「こんなアイデア言ってしまったらなんか言われるのがいやだな」というように、人の目を気にするようになる。そうなると、常識的なアイデアしか出ないことになってしまう。斬新なアイデアを出すために、自由奔放に考えることからはじめよう。

（2）判断遅延

　アイデアを発想中は決してブレーキをかけてはいけない。ポイントは出し切った後で判断する、つまり判断のタイミングを遅らせることである。ブレーキをかけるのは「自分自身」と「他者」の2パターンがある。「自分自身」とは、自分の頭の中で、勝手に却下するという状況を指す。つまり「これは面白くないアイデアなので出さないでおこう」と自分で判断することである。実際には、他者からすると面白いアイデアであることは多々あるので勿体ない結果となる。次に「他者」とは、アイデア出しを集団で行う状況下で、他者のアイデアにケチをつける状況を指す。例えば「そんなアイデア、実現できないよね」とか「うーん、どうだろう…」などと発言をしてしまうと、判断をしていることになってしまう。そうなると、同じチームのメンバーがアイデアを出しにくくなってしまう。アイデアを拡散する際は、アイデアを出しやすい雰囲気をつくることが大事なので、是非褒めあって欲しい。

（3）質より量

　量を出せばその中に光るアイデアが出る確率が高くなるのは、オズボーンの実践に基づいた考え方である。「質」を考えているということは、前述の「判断」をしているということになる。アイデアの良し悪しを判断せず、とにかく量を出すことを心がけよう。バカバカしいと思えるアイデアを出していくうちに、その切り口から新しいアイデアが思いつくこともある。

（4）便乗発展

　他者の意見を発想のヒントにすることも大事である。例えば「他者のアイデアを改善する」「他社のアイデアと自分のアイデアを組み合わせる」ということを行うとアイデアの量が増える。アイデアは「既存の要素の新しい組み合わせ（ジェームズ・ヤング）」であるため、新しい組み合わせが新しいアイデアになる（ヤング　1988）。

アイデア発想法の活用について

アイデア発想法はアイデア出しの際に有用であるが、発想法がアイデア出しの制約になってしまうこともあり得るため注意が必要である。ゆえに、まず個人や集団で自由に発想を行い、行き詰まった段階で発想法を活用することを推奨する。ここでは、いくつかの発想法を紹介する。新たな発想の切り口や視点を得るための一助としてもらいたい。

(1) SCAMPER

オズボーンのチェックリストをベースとした発想法であり、以下の7つの発想の切り口の頭文字をとって SCAMPER（スキャンパー）と呼ばれている。

- Substitute（置き換える）
- Combine（組み合わせる）
- Adapt（当てはめる）
- Modify（修正する）
- Put to another use（別の使い道を考える）
- Eliminate（余分なものを削る）
- Reverse（逆にする）

例えば「置き換える」の場合、製品の素材を金属からプラスティックに変えてみるとか、ビニールを紙に変えてみるという発想法である。「修正する」は大きくしたり、小さくしたりという発想で考えてみると良い。「逆にする」の場合、先生と生徒の立場を逆転するとか、良いものをあえて悪くしてみるというイメージである。筆者はこの切り口をよく使っている。なぜなら「普通はこうだよね」という先入観を、意図的に（強制的に）変えることで、斬新な発想の切り口を得ることができるからである。抽象的なイメージから別の抽象的なイメージを発想するのはしいが、具体的なイメージから別の具体的なイメージ

を強制的に作り上げ、そこから発想するのは容易であるため、誰でも簡単に実践することができる。

(2) マインドマップ

　紙の中央にテーマを書き、そのテーマから思いつくアイデアを連想していく発想法である。自分の頭の中にあるものを視覚化することから、名づけられている。例えば「お風呂で使える文具」をテーマに設定すると、文具として「ノート」「筆記具」などのキーワードが思いつく。次に、お風呂で使える筆記具を考えると「濡れても滲まない」「濡れても大丈夫」「濡れると味が出る」「濡れると色が変わる」というように、思いつくアイデアを木の枝のように増やしていくイメージである（図表 7-1 参照）。

(3) マンダラート

　マインドマップと似たようなツールとして「マンダラート」がある。マンダラートは、9 つのマスを作り、その中央にテーマを書き、テーマから思いつくアイデアを、その周囲に書いていくのが最初のステップである。次のステップとして、最初のステップで記述した周囲の要素を、別のマスの中央に配置し、

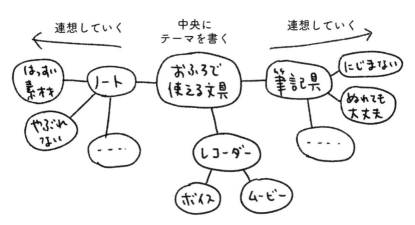

図表 7-1　マインドマップのイメージ

　　　　　　　　　　　　　　2　アイデアの発想

図表 7-2　マンダラートのイメージ

そこから思いつくアイデアをその周囲に記述していく（図表 7-2 参照）。

　例えば「新しい帽子」をテーマに設定すると、帽子から「色」「素材」「ターゲット」などのキーワードが思いつく。次に「素材」から「布」「紙」「ゴム」などのキーワードが思いつく。それらのキーワードを組み合わせて「ゴム製の帽子」「ゴム製の子供向けの帽子」などのアイデアを考えていく。

　マインドマップと比べて、マスの個数が決められているため「うめたくなる」「うめないといけない」という意識が生じ、結果としてアイデアの量を増やすことができるというメリットがある。

COLUMN 7-1　　　　　　**小林製薬の全社員アイデア大会**

　製品・サービスのアイデアを考えるのはデザイナーや技術者と思っている人が多いのではないだろうか。確かに企画部署や開発部署が担当している企業は多いが、全社員がアイデアを考えるユニークな仕組みを導入している企業もある。ここでは、小林製薬の事例をご紹介する。

　小林製薬では、新入社員からベテラン社員まで全社員が月に1回、何らかのアイデアを提出する仕組みがある。そして、年に1回「全社

員アイデア大会」を開催している。この大会が開催される日は、全社員は普段の業務から離れてアイデア出しに専念するため、工場は原則稼働を止めるほどの徹底ぶりである。「熱さまシート」は社員からの提案制度から生まれた大ヒット商品であるという。

　では、なぜこのような取組みを行っているのであろうか。小林製薬では「全社員参加型経営」を推進しており、その具体的な活動の一貫という位置づけもあるが、ロングセラー商品を継続して創出するための「基礎体力」をつけるという狙いもあるようだ。つまり、全従業員が自社の製品開発に対する強い意識を持ち、生活者としての視点から課題を発見してそれを解決するアイデアを日常的に意識するということである。このような取組みは、日常の業務では生活者とは接点がない部門においても生活者ファーストの意識を持ち続けることができるだけでなく、組織間の風通しを良くするという効果も期待できよう。

3 アイデアの選択

3-1 アイデア選択の基本

　読者の皆さんはアイデアをどのように選択しているだろうか。多数決で決めていることが多いのではないだろうか。その場合、誰に投票権があり、どのような選択基準を設定しているだろうか。本節では、アイデアを選択する際に考慮すべき点を整理し、選択基準の例を提示する。

(1) アイデアの選定

　前述のように多数決で選択する場合は、挙手で決めるケースや選挙のように紙に書いて投票する方式が考えられる。この方式は民主的であるため不満がでにくい点がメリットであるが、斬新なアイデアを考えたい場合は、無難なアイデアが選定されるというデメリットもある。

では、投票制以外の方式はあるだろうか。例えば、絶対的な権限のある人によって決まるケースもある。ワンマン経営のオーナー企業、あるいは社内で信頼されて決定権限を委譲されている場合などが該当する。

本節では、アイデア創出ワークショップを実施し、その場で民主的にアイデアを選定するケースを前提とすることにする。

(2) 投票者

アイデア創出のワークショップの場合「チーム内での投票」「会場全体での投票」などのパターンがある。「チーム内での投票」は、チームでブレーンストーミングを実施後、アイデアを具体化する対象を選定する目的で実施する。「会場全体での投票」は、具体化したアイデアの人気投票を行うシーンで使うことができる。また、ワークショップ終了後であれば、実際のユーザーに投票してもらうこともある。その場合、ユーザーがアイデアを理解できるレベルに整理しておく必要がある。

(3) 投票の方法

アイデアが書かれている付箋や紙などに「〇」「★」などの記号を書く方法や、カラーシールを貼る方法などがある。選択基準が3つ以上ある場合は、

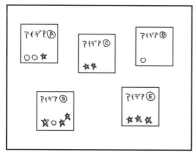

アイデアに「〇」「★」などの記号を書いて投票する。
それぞれの記号に選定の基準を定義しておく。

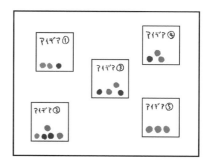

アイデアにカラーシールを貼って投票する。
それぞれの色に選定の基準を定義しておく。

図表 7-3　選択基準が複数ある場合の投票のイメージ

カラーシールを用いると、視覚的にわかりやすいのでおすすめである。（図表7-3参照）

　選挙の場合は1人1票という制約があるが、アイデアの選定はどのようにすべきだろうか。チーム内で投票する場合、もともと票数が少ないので、複数投票できるようにした方が、人気のあるアイデアの傾向を把握することができるためお勧めである。1つに絞ることが目的でなく、どのような点が魅力的か、興味深いかなどの傾向を把握することの方が、次のステップ（アイデアの視覚化）で効果を発揮する。また、投票する際の心理的な負荷を軽減することもできる。

（4）投票基準

　一般ユーザー（生活者）向けの製品・サービスのアイデアを選定する場合は、ユーザーの視点に立って、「ユーザーの価値」を基準に選択するケースが多い。例えば、ユーザーの「ワクワク感」「楽しさ」「作業効率がアップする」などの選定基準がある。対象とする製品・サービスの価値指標を事前に決めておき、その指標をベースに投票するのが良いだろう。

3-2　アイデア選択方法

　ここでは、3つの選定方法[1]を紹介する。

（1）PMIを活用する

　PMIは、エドワード・デボノによって開発された手法で、頭文字はそれぞれPlus（良い）、Minus（悪い）、Interesting（興味深い）を意味する。アイデア発想後、図表7-4のようにアイデアを3つの象限に分類し、分類した表を見ながら、さらにアイデアを発想していく。つまり、アイデアの選択手法と、アイデアの発想手法の2つの側面を持つ手法である。

1　アイデア選択のための手法として提示されているものでないものも含まれるが、筆者はアイデア選択の際にも活用している。

図表 7-4　PMI のイメージ

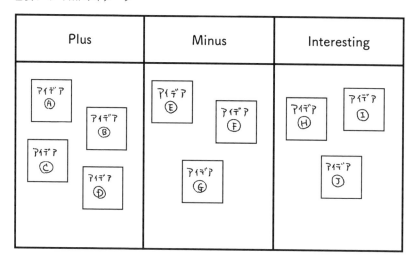

　この手法は、良いアイデアだけではなく、悪いアイデアとその中間（興味深い）を排除せず、一旦保留している点がユニークである。例えば、前述の「ユーザーの価値」を選定基準にすると、Plus のアイデアのみ選択され、Minus は明らかに排除されることになる。そして、Interesting は無意識のうちに取りこぼされることになる。このリスクを回避できることがこの手法のメリットである。

（2）アイデアの 4 つのカテゴリーを活用する
　スタンフォード大学の d.school では、アイデアの選定基準として 4 つのカテゴリー「合理的、最も喜ばしい、愛しい、大穴」を提示している。このような具体的な選定基準は、投票者からするとわかりやすい。想定するペルソナの価値基準をもとにしてさらに絞ることもできる。対象とする製品・サービスのコンセプトが明確なさいに有用である。一般ユーザー（生活者）向けの製品・サービスの場合は活用できるケースが多いだろう。

(3) イノベーションの3つの要素を活用する

IDEO は「有用性」「実現可能性」「持続可能性」がイノベーションに必要な要素であると定義している。この3つの要素はアイデアの選定に活用することもできる。前述の「PMI」と「アイデアの4つのカテゴリー」は、主にユーザー視点の価値（有用性）に着目しているが、「実現可能性」と「持続可能性」の要素を取り入れることで、ビジネス視点を考慮することができる。つまり、この3つの要素はアイデアの実現可能性を考慮する段階で活用できる選定基準である。

4 アイデアの可視化とテスト

4-1 アイデアの可視化の基本

アイデア創出のワークショップでは、チーム単位でアイデア出しを行うケースが多い。チーム内では、付箋などに記述したアイデアの簡易な文章をもとにアイデアを発想し、最終的にアイデアを選定する。チーム内では、活発な意見交換がなされているため、アイデアが生成された経緯や、アイデアの価値を共有できている。つまり、チーム内では可視化されてない暗黙知が圧倒的に多い状態である。しかし、他のチームをはじめとする第三者からすると、そのアイデアの価値を正確には理解できない。そこで、チーム内の暗黙知を具体的な形にして、アイデアの価値が第三者に伝わるようにする必要がある。この作業がアイデアの可視化である。

アイデアの視覚化のメリットを以下に記述する。

(1) アイデアの価値を正確に伝えることができる

キーワードや短い文章でなく、アイデアを視覚的な図やモノ、他者が共感できるようなストーリーとして表現することで、アイデアの価値を正確に伝えることができる。

（2）アイデアを発展することができる

　アイデアを可視化していく過程で、さらに新たなアイデアが湧いてくることも視覚化のメリットである。つまり、アイデアを発展することができる。また、その過程で、アイデアに磨きをかけることができる。

（3）共感ポイントを探るきっかけとなる

　ユーザーが共感するストーリーを設計する作業が、共感ポイントを探るきっかけとなる。共感ポイントは、ユーザーが真に困っていることに共感してもらうことから始まり、その困りごとを解決するアイデアに対して「いいね！」「それが欲しかった！」と共感してもらう必要がある。つまり、思考ではなく感情に訴えかける必要があるため、アイデアの価値の本質を見つめ直すきっかけとなる。

4-2 アイデアの可視化の手法

　アイデアの可視化手法は対象とする製品・サービスによって、使い分けることができる。代表的な視覚化の手法を以下に記述する。

（1）プロトタイプ

　対象とするアイデアがサービスでなく製品（モノ）の場合は、紙や粘土などを使って工作すると、アイデアのイメージをより正確に伝えることができる。プロトタイプは手にとって実際に触ることができるため、ユーザーから具体的なフィードバックを得やすい。

（2）ペーパープロトタイプ

　アプリケーションの場合は、画面のデザインやユーザーインタフェースを絵で表現することで、アイデアのイメージを的確に伝えることができる。いくつかの主要な画面をラフなスケッチとして描くことで、紙芝居としてアイデアを伝えることができる。

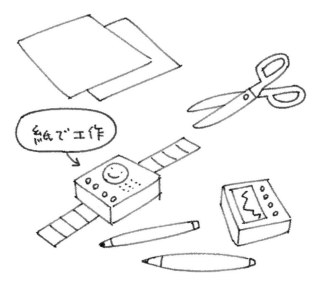

図表7-5　プロトタイプのイメージ

図表7-6　ペーパープロトタイプのイメージ

　　　　　　　　　4　アイデアの可視化とテスト

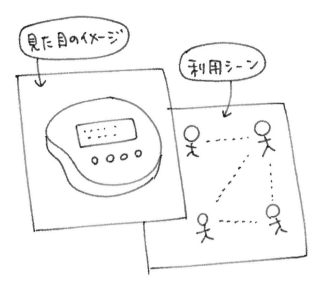

図表 7-7　アイデアスケッチのイメージ

(3) アイデアスケッチ

　アイデアをビジュアル（絵や図）で表現することで、言葉で表現できない情報も表現することができる。例えば、製品の見た目のイメージや、サービスの仕組みや利用シーンを図で表現することもできる。

(4) アクティングアウト

　ユーザー（生活者）が困っているシーンや、提案するアイデアによってもたらされる価値を演じることで、ユーザーからの共感を得やすくなる。ビフォア・アフターを比較すると、アイデアの良さがわかりやすくなる。前述のプロトタイプやアイデアスケッチを使いながら、伝えるのも効果的である。

(5) ストーリーボード

　ストーリーボードはもともとアニメーション業界で使われていた手法である。表現する内容はアクティングアウトと同様に、ユーザーの行動やシーンを絵で表現し、注釈としてナレーションやセリフなどを記述する。スマートフォ

図表 7-8　アクティングアウトのイメージ

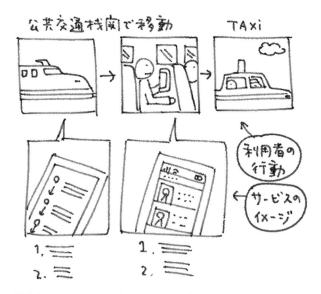

図表 7-9　ストーリーボードのイメージ

　　　　　　　　　　　4　アイデアの可視化とテスト

ンを用いたサービスを開発する場合は、これに加えて、スマートフォンの画面をペーパープロトタイプとして追記することで、アイデアをより正確に他者に伝えることができる。

　最後に、上記のすべてに共通することを記述する。重要なことは時間と手間をかけず、ラフに作成することである。「雑」や「適当」でなく、アイデアの本質的な価値を伝えるための必要最小限の情報が表現できていることがポイントである。とはいえ、作り出すとどうしても凝ったものを作ってしまう傾向があるため、そうならないように作業時間の制約などを設けるべきである。なぜなら、凝りすぎるとテストの段階で他者（フィードバックをしてくれる人）が指摘しにくくなってしまうため、デメリットになってしまうからである。

4-3 アイデアのテスト

　アイデアの可視化とテストはセットで扱う。テストをするためにアイデアの可視化をするという方が的確な表現かもしれない。ここで言うテストとは、前述のアイデアの可視化のアウトプットをユーザーに見てもらい、ユーザーからのフィードバックを得ることを指す。

アイデアのテストのメリットを以下に記述する。

（1）アイデアおよび問題設定の妥当性を確認できる

　アイデアの探究段階では、デザイナーや開発者が考えたアイデアは仮説でしかないため、その仮説が妥当か否かを確認するためにテストを行うのが一般的な目的である。妥当であることが確認できた場合は、アイデアの改善を行う。妥当でなかった場合は、問題設定自体が妥当でないことも考えられる。その場合は、課題定義のステップまで戻り、問題設定をやり直すことも検討してみよう。

（2）新たな気づきを得ることができる

　アイデアをテストすることで、デザイナーや開発者が想定していなかった貴

重なフィードバックを得ることができる。例えば、ユーザーの身体的な負荷を軽減することを狙って考えたアイデアに対して、逆に身体的に負荷をかけてほしいニーズを求められるようなこともある。それらのフィードバックから、アイデアの新たな着眼点に気づくこともある。

(3) ユーザーを理解することができる

　抽象的な質問に対しては抽象的な返答しかできないが、具体的な質問については、具体的な返答ができる。同様に、具体的なアイデアからは具体的なフィードバックを得ることができる。また、テストを通じて、具体的な利用シーンや利用方法などを聞き出すきっかけになることや、ユーザーの価値観を知るヒントを得ることもある。つまり、テストは予定調和の結果を得ることを目的にするのではなく、予定不調和の情報を得ることをむしろ目的にすべきである。そのことが、ユーザーを深く理解することにもつながる。

4-4　フィードバックを視覚化する手法

　テストを通じて得られた気づきは必ず記録しておこう。さらに、ユーザーから直接フィードバックを得ることも重要で、その際に活用できるのが「フィードバックマップ」というツールである。このツールではアイデアに対する「良い点」「改善点」「疑問点」「アイデア」の4つの視点でユーザーからのフィードバックを得ることができる。人によっては「良い点」に意識が偏る人もいれば、「改善点」に意識が偏る人もいるため、4つの視点でフィードバックを得ることは有効な手段である。

5　おわりに

　本章では、課題解決のための基本的な考え方と具体的な作業プロセスおよび手法について説明した。最後に、アイデアの発想、アイデアの選択、アイデアの視覚化とテストについて、学習と実戦におけるポイントを整理する。

図表 7-10　フィードバックマップのイメージ

　まず、アイデアの発想を行う際には拡散と収束を分けるようにしよう。拡散をする際には拡散に専念して、批判（判断）はあとで行おう。また、集団で発想する際には、いきなり集団で発想するのではなく、個人で発想後に集団で発想してみよう。最後に、最初からアイデア発想法を使うのではなく、アイデア発想に行き詰まったら発想法を活用してみよう。

　次に、アイデアの選択を行う際には、選定の基準（対象とする製品・サービスの価値指標など）を事前に決めておこう。選定の基準は、対象とする製品・サービスやプロジェクトの実行段階によって異なる。例えば、対象とする製品・サービスが生活者向けであり、プロジェクトの実行段階がアイデアの探究段階では、そのサービスを使用するターゲットユーザーの価値観を基準にしてみよう。

　最後に、アイデアの視覚化とテストは特に重要である。そもそも、答えがない課題に対してその解決策を探索することを前提としているため、素早く作っ

て、素早く試すことでアイデアの妥当性を確認することがデザインプロセスを実施する際の大前提であることを忘れてはならない。時間をかけず、ラフなアウトプットをつくりながら、開発チーム内のメンバーおよびユーザーとの対話を楽しみながら取りくんでみよう。

> **COLUMN 7-2**　　　　　　　**フェリシモ雑貨大賞**
>
> 　製品・サービスのアイデアを考えるのは企業側（企業内の社員や社外のデザイナーなど）だけではなく生活者自身というケースもある。ここでは、製品の開発に生活者を巻き込むユニークな取組みを行っているフェリシモの事例をご紹介する。
>
> 　フェリシモは Kraso という生活雑貨のブランドで「フェリシモ雑貨大賞」というイベントを開催している。このイベントではフェリシモのカタログ読者が自ら商品を企画するという取組みで、応募作品の中から優れたものを商品化してカタログ上で販売している。このように生活者自身が新商品を創出する手法をリード・ユーザー法という。この手法は生活者の理解とアイデア創出を両立させることができる点がメリットである。しかし、新しい製品・サービスのシーズを持っているリード・ユーザーを探すことが企業にとっての課題となるが、フェリシモは雑貨大賞というイベントをきっかけにして、自社の顧客から発掘している。
>
> 　生活者からアイデアを募集する取組みは他社でも行っているが、フェリシモは生活者がアイデアの選定に参加しているというユニークな取組みを行っている。具体的には、過去に実施された雑貨大賞で優秀賞を受賞した生活者が最終選考の審査員として加わるという体制をとっている。この取組みからフェリシモが徹底した生活者視点で商品の開発を行っているということ、さらにはフェリシモと生活者の良好な関係性が見て取れる。このような生活者との良好な共創関係性の構築が、顧客が必要とする商品を生み出す源泉といえよう。

　　　　　　　　　5　おわりに

エクサイズ

エクサイズ1

チームでテーマを設定して、アイデアを発想してみよう。例えばテーマは日常生活や学校生活などで不満に思っていることを題材にしてみよう。個人で発想したあとでブレーンストーミングを行い、最後にアイデアの選択を行ってみよう。

エクサイズ2

エクササイズ1で選択したアイデアをもとにアイデアの視覚化を行ってみよう。その後、チーム以外の人からフィードバックをもらってアイデアの妥当性を確認してみよう。次に、フィードバックの情報を参考にして、アイデアをブラッシュアップしてみよう。

さらに学びたい方へ⤵

ティム ブラウン（2019）『デザイン思考が世界を変える〔アップデート版〕―イノベーションを導く新しい考え方』（千葉敏生 訳）早川書房。

トム・ケリー、ジョナサン・リットマン（2002）『発想する会社！―世界最高のデザイン・ファーム IDEO に学ぶイノベーションの技法』（鈴木主税、秀岡尚子 訳）早川書房。

アネミック・ファン・ブイエン他（2015）『デザイン思考の教科書―欧州トップスクールが教えるイノベーションの技術』（石原薫 訳）日経 BP 社。

8章

体験のプロトタイプを創る

1 はじめに

　本章では、新規ビジネス創出過程において、実装に近づけるためのプロトタイピング（試作）と、それに付随する意味とマーケットの存在について学ぶ。デザインとは、①課題を発見し、②コンセプトを出し、③ソリューションとしてアイデアを出して実行する、の３段階で完成する。サービスデザインにおけるプロトタイピングは、最後の実行段階において、可能な限り成功確率を上げるためにある。

　プロトタイプ創りとは、アイデアを確実に実行に移すための試作、さらなる掘り下げ、試行錯誤であり、チームや上司・組織への伝達のために行うものである。どんな素晴らしいアイデアも、実施にあたって今まで見えなかった課題が存在する。それらを浮き彫りにし、課題を把握するとともにアイデアをさらにブラッシュアップし、チーム内外へ伝達することが目的である。プロトタイピングの役割をさらに詳しく見ていこう。

2 プロトタイピングの役割

　サービスデザインの実践としてはここまで、以下のことを実施しているはずである。インタビューや観察から顧客の課題を発見し、それを解決する方向性としてのコンセプトを出し、コンセプトに即したアイデアを出し、チームで共有している。

　プロトタイピングは、それらを実行に移すために実施する。

　サービスデザインは、実際の業務に取り入れるわけではなく、ワークショップ用と理解されている場合も多い。ともすれば若手社員のためのアイデアワークのみで終わってしまう。本来は企業の現状を見直し、ビジネスプロセスを変革し、新規ビジネスを創出するために実施するのであるが、これまでやったことのないアイデアに尻込みし、最初から夢物語と諦めてしまう。

　そう考えるとプロトタイピングの役割とは、アイデアを現実に落とし込み、

実装するまでの基盤づくりであろう。皆さんも、小学校の算数で、方眼紙に糊代のついた展開図を描き、サイコロ状の立方体を作った記憶があると思う。そして思ったとおりにはできなかったはずである。それは、糊代という厄介な存在で、糊を付けても上手にくっつかないし、その厚みの分だけ立方体の面積が変わってしまうという体験である。これに限らず、実践してみると思い描いていたようにはいかないことは多々ある。そこで気持ちが折れたり、結果が出なかったりする前にまず、次節で意味とマーケットの適切さを確認する。

3 適切さの確認

本章をもって、サービスデザインをワークショップなどで用いる場合の実践編は終了となる。そこで、サービスデザインの手法から生まれたビジネスアイデアを実装するにあたって、最も大事なことを記したい。それは、そのアイデアは（1）新しく、あなたが本当にやりたい意味を持つことなのか、そしてまた、（2）そのアイデアを活かすマーケットが存在するかどうか、である。これらを確認することこそが、本来のプロトタイピングの役割であろう。

（1）意味の存在

まず、8章で生まれたアイデアは、企画者自身の最高の、渾身の、情熱を伴ったアイデアであろうか。どこかで、社内手続きなどの実現可能性を考慮して、課題が小さなものにすり替わったりしてないだろうか。すでに情熱が持てない過去のものになってはいないだろうか。

サービスデザインから生まれたアイデアが、自身の情熱を傾ける価値があるものと一致することは少ない。なぜなら、サービスデザインは顧客の潜在ニーズを読み解く手法だからである。しかし、顧客の潜在ニーズに対する解と自身が情熱を傾けたいものが一致していないと、ファンは生まれない。なぜなら、人間は人間にしか憧れず、顧客は製品・サービスを通して、あなたの人格を見ているからである。

皆さんは、コンセプトからアイデアを出したときに、ワクワクするアイデア

を選択したはずである。そのワクワクは、ビジネスとして形にしたときにまだ尖ったまま残っているだろうか。その尖っている部分こそ新しい価値であり、顧客にとって魅力として映る部分である。

　さらに、新しいアイデアをビジネスとして成功に導くのは、並大抵の努力ではできないことが多い。どうしても、やり切ることに楽しみや見出し、情熱をかける必要がある。それこそが「意味」の必要性である。

　サービスデザインとは論理的に、客観的に、顧客の潜在ニーズを理解し、新たなビジネスを生み出す手法である。しかし、その先の意味の存在にたどり着くには、実は主観が重要となる。「意味」は、顧客の潜在ニーズをさらに上から解決するソリューションをイメージするとわかりやすい。同じ高さで対応するのではなく、突破した存在として提示するのである。そこに、共感を超えた「感動」が生まれる。デザインが芸術になる瞬間である。

　顧客の潜在ニーズを発見し、それに対応するソリューションを生み出すのは計算である。ニーズに対する対応を模索し、一番効果的な解を選別する作業こそがデザインであるが、しかし、突破するデザインは計算が芸術的な感動の位置まで上がったものである。それは隅々まで統一されたデザインとこれまで知られなかった価値を付加することで生まれる。感動をまとったデザインは、単一の製品・サービスであっても、共感を伴うことで複数のニーズに対応し、ヒットする商品となる。

　つまり、製品・サービスに対する新たな意味付けとは、顧客が想定する個々のニーズをすべて包含した上で、さらにこれまでにない新たな価値を提示するものである。そしてもちろん、自身が情熱を傾ける価値があると感じるものである。

(2) マーケットの存在

　次に陥りやすい罠がマーケットの不在である。最高のアイデアとは何だろう。ここまでサービスデザインを学んできて、最高のアイデアとは自分にとっての正解かつ顧客の感情にとって正解となるように作成してきた。残る最大の問題は、しかし実は、それが世界にとって正解であるとは限らないことである。

前提として、新しいことのほとんどは失敗する。Google も Apple も振るわずに消えていった製品・サービスは少なくない。スターウォーズのジョージ・ルーカスが手掛けたマーベル映画「ハワード・ザ・ダック」はなぜ興行成績が振るわなかったのであろうか。同じ監督によるミュージカル映画なのにレ・ミゼラブルは大ヒットし、キャッツは振るわなかったのはなぜだろうか。それが、マーケットの不在である。

　成功する新規事業とは、あらゆる要素が適切であったから成功した、と言える。ビジネスにおける決定が必要な事項は数えきれない。逆に、その数えきれない要素のうち、1つでも要素が不適切であると失敗する。

　その一番大きな不適切な判断は、コンセプトの設定であろうと考える。課題の発見は間違っていないが、その課題を解決する方向性が顧客と合っていないのである。このようなコンセプトの失敗はなぜ起こるのか。それは、コンセプトを決定するにあたって、または会議に資料を提出するにあたって、自分の都合の良い体験や市場調査のデータのみを用いるからである。自身に都合の良い事象だけを認識し取り上げてしまうことを、確証バイアスという。確証バイアスは人間の脳の自然な反応であり、これを意識的に避ける方法が必要となる。

　では、失敗の確率を下げるデータとはなんだろう。それはもちろん、自分で集めた適切なデータである。適切なデータを集めるためには、願望ではなく、検証可能な正しい仮説を立てる必要がある。

　例えば、ある会社が現在流行しているアニメのグッズを企画しているとしよう。その企画における願望とは「○○が流行っているから、関連商品を出せば売れるはずだ」というものであり、仮説は「○○のファン○万人のうち、少なくとも 10 ％は、ファンブックを 2000 円で買うはずだ」というものである。世間の企画の多くは、願望だけでできていないだろうか。正しい仮説とは、前提、目的、理由を検証可能な数字で表現できる必要がある。仮説を立てることができたら、ローカルなイベント等で仮説を検証することができる。ファンイベントを企画し、ファンイベントに集まったファンのうち 10 ％がファンブックを予約するかどうかを確認すれば良い。たとえ売れなくとも、損害はその日の予約印刷分で済むのである。

　新規サービスについても同様である。小さくプロトタイプ実験をしてみれば

良いのである。新規サービスの申し込みウェブサイトだけ作って、どれだけの人間が予約やメールアドレス等の個人情報を登録してくれるかで、その新規サービスが世界にとってどの程度訴求力があるかを測定できる。それは決して、気軽に秒でできるSNS上のRTやいいね！の数ではないところが注意点である。もちろん申込者には、もうしばらくお待ちください（あるいは、サービス実施時期は未定です）等の返信やメッセージは必要となる。

4 プロトタイピングのツール

　サービスデザインの実践ではここまで、顧客の感情を論理的に汲み取ることで課題解決の方向性とアイデアを出している。しかしそのアイデアを実際にビジネスとしてまとめるためには、あといくつかの手順とそれに伴う新たな課題が浮き彫りになる。本節では、それらを明らかにするツールを紹介する。

　(1) サービス・ブループリント、(2) サービス・ロールプレイは顧客の体験をデザインし、プロトタイプを開発・検証するためのツールであり、(3) ビジネスモデル・キャンバスは資源との関係を含めたビジネスの実現方法のプロトタイプ、ならびに資金の獲得、収益の獲得に関するプロトタイプをデザインするツールである。

(1) サービス・ブループリント

　ビジネスの骨格を決めたなら、次に行うのはサービス体験の可視化である。サービス・ブループリントは、サービスを構成する個々の要素を特定し、その詳細を明らかにする方法である。ジャーニーマップの一種であるが、これまでのジャーニーマップと異なるのは、顧客がコンタクトするフロントステージと、顧客からは見えないが、サービススタッフがコンタクトするバックステージの両方を分けて描くことにある。

　図のように、顧客、サービス会社、その他の関係者それぞれの視点でサービスの概要を明らかにし、顧客のコンタクトポイントから後方業務に至るすべてを詳しく図解する。これによって、特に重視すべきポイントや、複数の領域に

図表 8-1　サービス・ブループリントによるプロトタイピング
©Ayaka Okubo

またがる業務、顧客経験に深く関わる要因がわかり、顧客の体験とその要因が可視化される。

(2) サービス・ロールプレイ

　自分たちで考えたサービスを、自分たちで演じることで確認するのが、サービス・ロールプレイである。サービスの提供側と顧客側、双方の役割を擬似体験することで、さらなる質の向上を図ることが目的である。

　一般的には、チーム内で「進行」「提供」「顧客」に分かれ、それ以外に観客を用意する。例えば「新サービスにマッチした顧客が来店した場合」といった、実際のシチュエーションを用意し、演じることで考えたサービスが良いものかどうかをチェックするのである。

　演じる際には、段ボールや紙粘土などで簡単に作成した小道具を使う。それらをロールプレイで使うことで、使い勝手の良い大きさや重さを測ることもできる。演じた自分たちの気づきはもちろん、観客役の方々からのフィードバックが重要になる。

（3）ビジネスモデルキャンバス

　最後に、3章でも紹介したビジネスモデル・キャンバスを用いて、資源との関係を含めたビジネスの実現方法のプロトタイプ、ならびに資金の獲得、収益の獲得に関するプロタイプをデザインする。

　ビジネスアイデアは、サービスデザインの手順で考えているのであるから、顧客（ペルソナ）や、その与える価値は想定済みである。それらを1枚の大判紙にまとめ、ビジネスモデルとして現実的な検証を行うのがビジネスモデル・キャンバスの役割である。

　図の9区画を埋めていくことで、アイデアベースだったビジネスモデルをさまざまな側面から検証し、組み立て直すことができる。さらには、ビジネスの軸となる目標を明らかにし、目標を達成するためのビジネスの強み、弱み、優先順位等を見直すことが可能となる。9区画をすべて納得いくように埋めることができたなら、さまざまなステイクホルダーにもビジネスが説明可能である。

　ビジネスモデル・キャンバスは、右側の4マスが自社と顧客の関係、左側

図表 8-2　ビジネスモデル・キャンバスによるプロトタイピング
©Ayaka Okubo

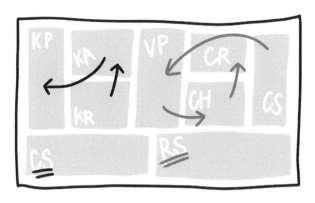

図表 8-3　ビジネスモデル・キャンバスによるプロトタイピング
　　　　　（9区分の相互関係）
©Ayaka Okubo

の３マスが自社の行動とパートナーの行動の分類で構成されている。よって
作成する時、記述順にだけ気を付けたい。

5 プロトタイピングと「意味」の イノベーション

　「意味」のイノベーションとは、デザイン思考のアンチテーゼとしてベルガンティが唱えたものである（ベルガンティ　2017）。従前の前提に「なぜ？」と疑問を投げかけ、個人の内面を表出するプロセスを重視する。新しい意味や楽しさから生まれる、言葉では言い表せない価値をプロトタイピングのデザインに込めることが、これからの新商品や新サービスでは重要となる。

　サービスデザインは、課題の発見、コンセプトの設定、ソリューションからなると書いた。このソリューションに求められるのが「意味」である。たくさんのアイデアからなる「How」ではなく、「Why」と問うことで、何を達成すべきなのかをプロトタイピングを通じて明らかにする。

　ベルガンティがよく用いるのはろうそくの例である。室内照明という意味では、ろうそくはもちろん過去の遺物である。しかし実はアメリカ国内でのろうそくの需要はずっと伸びていて、世帯ごとの消費金額でも、ろうそくの方が電

球よりも高い。

　人々がろうそくに与えた新しい意味は、室内での居心地である。電球よりも暗く香りがついた新たなろうそくは、忙しい現代人に安らぎをもたらしたのである。であれば炎はむしろ見えない方が良いし、自分で香りや明るさ、形や大きさを選べた方が良い。

　もう1つ、意味で重要なのはストーリーである。その製品・サービスを用いる文脈を想定して、プロトタイプを作成することで、意味が浮き彫りになる。ステイクホルダーにも説明と理解を求めやすくなる。

　ろうそくの例で言うならば、「家族の待つ家に帰って、明るい照明の下で夕飯を食べるよりも、暗いほのかなろうそくの明かりの下で食べる方が、お互いの存在を感じることができて安らぐ」となるだろうか。

　プロトタイプをストーリー上で体現できれば、それはそのまま宣伝手法へとつながる。上記のサービス・ロールプレイは、ストーリー上で実施することが望ましい。

　以上がプロトタイピングに求められる意味の重要性である。

　若者の○○離れという言葉が生まれて久しいが、今こそ、このような作り手の主観を前面に押し出した製品・サービスが必要とされている。デザインを客観から主観へと変える。伝えるではなく「伝わる」デザインが求められている。

　現代の大量生産品も、未来には贅沢な逸品に生まれ変わるかもしれない。デザインの伝承こそが新たな意味を生み出す。

6 おわりに

　本章では、新規ビジネス創出過程において、実装に近づけるためのプロトタイピングと、意味とマーケットの存在について学んだ。プロトタイピングの多くはツールの学習であるため、一度やっておけばその後もずっと応用可能である。

それに対して、意味とマーケットの存在を意識する過程は、とても重要なことでありながら見過ごされがちである。(1) 新しく、あなたが本当にやりたい意味を持つことなのか。(2) そのアイデアを活かすマーケットが存在するかどうか。企業内で忙しい日々を過ごしつつも、この2点を忘れずに、常に意識してデザインに関わっていただきたい。

COLUMN 8-1 **「意味」のイノベーションと撮影体験**

筆者はカメラが好きで、大学生の時には写真部に所属していた。

カメラとレンズには長い歴史があるが、レンズの設計は基本的には100年以上変わっておらず、その理論と計算から生まれた光学機器が、言葉にできない感動をもたらす点が素晴らしいと考えている。

さて、皆さんはスマートフォン以外で写真を撮ったことがあるだろうか。

カメラと写真の機能は、記録と表現であるが、デジタルカメラの登場以来、フィルムカメラは存在が薄れ、さらにデジカメはスマホにその存在が駆逐されつつある。それらは記録も表現も、つまり撮ってSNSにアップするまで、スマホでする方が便利だからである（この、安くて悪いものが技術革新とともに市場を食ってしまう現象を、破壊的イノベーションという）。記録と表現の行き着く先は、動画撮影かつカメラ不要な世界だった。

そこで古くからのカメラ業界は、デジカメをハイスペックかつ高級化する、つまり単価をあげることで生き残りを図った。それに伴い、レンズも高級大型化している。しかしこれは多くの衰退業界でみられる悪手で、新たなファンを増やすのではなく、残り少ないユーザーを奪い合う業界の終焉を意味している。

このように、カメラという機器は表舞台から消えつつある。

実は、コアなカメラファンの間で数年前から始まっているのが、オー

ルドレンズブームである。デジカメの小型化に伴い、マウントアダプタを利用することで、さまざまなメーカーのレンズを1つのカメラで用いることができるようになった。その結果、かつて憧れであったライカやツァイス等の古いレンズを買い集める動きが広がっている。特に1930年代のライカのレンズは、金属の質感や小ささ、機構の単純さと職人による作成の個体差も相まって、ファンにとっては何気ない風景を写すだけで楽しいガジェットである。

　そこで生まれているのが、「意味」のイノベーションである。かつて筆者が所属していた写真部では、フレアやゴースト、低い周辺解像度は、悪い写真の特徴だった。しかしスマホ撮影とインスタ加工全盛の現在では、オールドレンズと現代のデジカメを通じて見る世界は、全く異なって写る。これが新しい意味「エモい」写真である。

　カメラの新商品では、2019年10月にSIGMA fpが発売された。株式会社シグマは安価で高性能なレンズメーカーとして有名であるが、会津若松市に工場を持つ決して大きくない会社である。そこで生まれたSIGMA fpは、これまでのハイスペックかつ高級路線とは一線を画した、無駄な機能のない、使い方をユーザーに委ねたカメラだ。ファインダーもグリップもついていない。その小さくて軽くブランドロゴも見えないボディからは、カメラは気軽に遊べるおもちゃであり、スマホのように常に携帯して欲しいメッセージが伺い知れる。

SIGMA fp

　筆者の考えでは、完全にオールドレンズで

遊ぶためのカメラである。高画質でありながら世界最小・最軽量を謳うボディに小さなオールドレンズの使用感は素晴らしい体験をもたらす。

エクササイズ

エクササイズ1

自身が受けて感動したサービスについて、タッチポイントを整理し、カスタマージャーニーマップを描いてみよう。

エクササイズ2

上記サービスの自分が感動したポイントを整理し、そこに込められた「意味」を考えよう。

エクササイズ3

自分の過去のどのような体験が、その「意味」に共感したのか、思い出して誰かに話してみよう。

さらに学びたい方へ ↴

ロベルト・ベルガンティ（2016）『デザイン・ドリブン・イノベーション』（立命館大学 DML 訳）クロスメディア・パブリッシング。

木浦幹雄（2020）『デザインリサーチの教科書』ビー・エヌ・エヌ新社。

上平崇仁（2020）『コ・デザイン』NTT 出版。

9章

デジタルトランスフォーメーションを理解する

1 はじめに

　急速なデジタル化が世の中を変革している。1990年代にインターネットが広まり、皆が電子メールを使うようになり、次いでブログなどで誰でもがインターネットで情報を発信できるようになった。このパラダイムシフトをWeb2.0と呼ぶ。以降、インターネットは社会インフラとなったが、2007年のiPhoneの発売によるスマホの普及に伴って、今や人々にとってネットワークというものはなくてはならないものとなっている。

　このような環境変化は人々の購買行動にも大きな変化をもたらす。企業が新しい製品・サービスを提供しても、他社がすぐに似たもので追随するようになった。この結果、消費者は機能面での差異を見つけることが難しくなり、製品・サービスを使ったときの経験＝顧客経験が購買行動を支配するようになった。デジタル化の進展で、この傾向はさらに強くなり、「デジタル」に関する顧客の要求レベルは日に日に高くなっている。

　例えば、皆さんがよく知っているamazonは、世の中に登場したときは、レコメンデーション機能が搭載され、皆一様にその顧客経験に感心した。しかし、現在は多くのデジタルサービスで採用されて、あたりまえの機能になっている。

　サービスデザインはこの「顧客経験」をデザインするものである。そして、デジタルトランスフォーメーションという大きなパラダイムシフトによって、サービスデザインは世の中にとって必要不可欠なものとなっている。本章では、サービスデザインを進めるうえで重要となる動きである、デジタルトランスフォーメーションについて確認する。

2 デジタルトランスフォーメーション（DX）の本質

2-1 デジタルトランスフォーメーションとは何か

Wikipedia にはデジタルトランスフォーメーションについて、下記のような記述がある。

「IT の浸透が、人々の生活をあらゆる面でより良い方向に変化させる」という概念で、2004 年にスウェーデンのウメオ大学のエリック・ストルターマン教授が提唱したとされる。

しかしながら、産業界では、以下の市場調査会社 IDC の定義がよく使われている。

「企業が第 3 のプラットフォーム技術を利用して、新しい製品やサービス、新しいビジネスモデル、新しい関係を通じて価値を創出し、競争上の優位性を確立すること」

ここで「第 3 のプラットフォーム」とは、IDC が提唱しているコンセプトであり「クラウド」「ビッグデータ」「モビリティ」「ソーシャル」の 4 要素によって形成される情報基盤のことを指す。モビリティはスマホと呼びかえて良いが、ソーシャル（Social）、モバイル（Mobile）、ビッグデータを呼びかえたアナリシス（Analysis）、クラウド（Cloud）の頭文字を取って SMAC と呼ぶこともある。

ところが、このような技術よりの考え方はミスリードする危険があるとして、ボストンカレッジのケインは MIT Sloan Review に次のような文章を含む論文を投稿した。

「The best understanding of digital transformation is adopting business processes and practices to help the organization compete effectively in an increasingly digital world. （デジタルトランスフォーメーションの最も正しい理解は、ますますデジタル化する世界において、組織は効果的に競争できるように、

（新しい）ビジネスプロセスといろいろな取組みを採用することである。）

　つまり、デジタル化というのは道具のことを指すのではなく、社会環境そのものを指すのだということが重要な点である。

2-2 デジタルトランスフォーメーション取組みの目的

　では、企業はなぜデジタルトランスフォーメーションに取り組むのであろうか。MITのビジネススクールであるスローン（Sloan）校のチームが2015年秋にコンサル会社のDeloitteとともに世界中の3700以上のCEOやマネージャに実施した調査では、以下のような結果が得られている。

　「デジタル技術はどの程度あなたの産業を破壊すると思いますか」という質問に対し、59％は非常に大きく、28％はある程度大きくと回答しており、合計すると90％近くがデジタルによって産業構造に破壊をもたらすと考えている（Kane, et al 2016）。さらに、「デジタル化によって引き起こされる産業破壊に自分の組織は適切に対応できているか」という質問に対し、11％は強く肯定し、33％が肯定している。44％がこの時点で対応ができていると回答している。

　「既存の産業構造を破壊する」とは何と強い危機意識であろうか。業務の効率化や改善といったレベルでの取組みではなく、企業の存亡をかけた取組みであるということを理解しておく必要がある。

　では、その取組みの目的は何であろうか。MITのスローンチームが2017年に実施した調査では次のような結果が示されている。

　「あなたの組織のデジタル戦略の目的に合致するのはどれですか」という質問に対し、従来型の目的である「効率性の向上」が強く合致する49％、合致するが41％であったのに対し、「顧客経験の改革」は64％が強く合致する、26％が合致すると回答しており、これまで企業がIT活用で目的としていた効率性の向上と比べて大きな差があることがわかる。

　このように、デジタルトランスフォーメーションへの取組みではいかに新しい顧客経験をデザインできるかが非常に重要な課題となっており、ここにサー

ビスデザインが重要となる理由がある（Kane, et al　2017）。

2-3　デジタルトランスフォーメーションの事例

　新しい顧客経験といわれてもわかりにくいと思われるので、具体的な例をみてみることとする。

　デジタルトランスフォーメーションの先駆者としてよく例に出されているのが、Uber と Airbnb である。彼らのビジネスモデルをみると、実にうまく第3のプラットフォームの4要素を使いこなしていることがわかる。例えば Uber では顧客もドライバーもスマホ利用が前提となっており（モビリティ）、配車・決済などの機能はクラウド上に構築されており、ドライバーの選択では顧客レビューが重要な要素になっており（ソーシャル）、そして過去の乗車記録や交通情報からドライバーに配置を推奨する（ビッグ・データ）などである。

　さて、Uber が登場した際の新たな顧客体験は下記のようなものであった。

〈予約時〉
・流しのタクシーを使わなくてよい（海外では怖い）
・店の人に頼まなくても自分で予約できる
・行き先もあらかじめ地図上で指定できる
・ドライバーの評価で安心できる人を選べる

〈乗車時〉
・情報がすべて伝わっているので、言葉が通じなくても大丈夫
・決済はシステムで完了するので現金の収受が不要
・ドライバーさんは評価にかかわるので、悪質な遠回りなどがない

　次に Airbnb の顧客体験である。

〈予約時〉
・Expedia や Agoda と比較しても機能面では差はない
・おもてなし目線での写真
・ホテルよりも安価で部屋の調度が素晴らしい
・個室タイプもありホテル派でも安心

・キャンセルルールはやや厳しいが価格を考えると納得

・レビューで安心。ホテルサイト違ってひどい宿がない

〈宿泊時〉

・オーナーさんとハートフルな交流

・アパートタイプはコンドミニアム感覚で使える

・ホテルより広いし、清潔。調度も良い

Uber が登場した際、既存のタクシー業界は自らのビジネスモデルが足かせとなって、対抗できる顧客体験を作り出すことができなかった。しかし、最近では DiDi などのサービスが登場し、Uber と似たと乗車体験を提供できるようになってきた。また、Airbnb の登場によって、日本では民泊法というものが制定された。

注目すべきは、かれらが既存市場を破壊してきていることである。他人事のように考えていると、気づけば自分たちの市場がなくなっていたということが、ほんの数年のうちに起きている。この認識があるので、経営課題として捉えられているわけである。

デジタルトランスフォーメーションの成功事例を調査していると、このように産業の競争構造を変えてしまう事例を多く見つけることができる。ネットに多数あるので、ぜひ皆さんも探して頂きたい。

3 | 顧客に新たな経験を提供するデジタル・オファリング

3-1 | デジタル・オファリングとは

次に、デジタル時代の新たな顧客経験の提供について詳しく見てみよう。MIT の研究者たちは「デジタル・オファリングによって顧客に新たな経験を提供する」と題してその研究成果をとりまとめた。

では、デジタル・オファリングとは何か。その概念を説明したのが次の図で

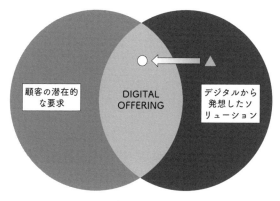

※日本語への翻訳 ▲と〇、矢印は今回追記

図表 9-1　デジタル・オファリング
出所：“Creating Digital Offerings Customers Will Buy”,
By Jeanne W. Ross et al., MIT Sloan Management
Review, August 2019 sloanreview.mit.edu/x/61103

ある。

　左側の円は顧客の期待（潜在ニーズと理解して良い）、右側の円は企業側の活動で、デジタル技術を活用した新しいソリューションを示しており、両者が交わったところがデジタル・オファリングであると定義している。

　企業が新たな顧客経験を生み出そうとする場合、企業はデジタルで何ができるかの経験が十分ではなく、顧客側は実際に手にするまで、自分たちは何が欲しいのかわかっていないというのが現実の姿である。

　企業は一生懸命にマーケットリサーチをして、新たな製品・サービスを提供するのであるが、ほとんどの場合、最初はユーザーの評価を得ることができない。ユーザーも何が欲しいのかよくわかっていないので、手を変え品を変えこの潜在ニーズを明らかにしていく必要がある。こうして改良を繰り返すことによって、やがては顧客の持つ潜在ニーズと合致し、ユーザーがお金を払っても良いと考えるものに仕上がる。このような状態になったものを「デジタル・オファリング」と呼んでいるわけである。なお、対応する日本語の概念はないので、英語の表記のままにしておくこととする。

　この改良プロセスのことを、MIT は Test-and-Learn のプロセスと名付けて

いる。一般には試行錯誤とか Try & Error と呼ぶことが多いが、ユーザーの評価が得られなかったのは失敗ではなく、顧客の期待やニーズについての学びがあったという成果があったと捉え、次の Try に活かそうという意図が込められている。特に日本では、失敗があるとプロジェクトが中止になる企業が多いことから Test-and-Learn と呼ぶのは良いアイデアである。

3-2 デジタル・オファリングとサービスデザイン

Test-and-Learn のプロセスは、実は、すでに学んだサービスデザインのダブルダイヤモンドと一致している。

どのような顧客経験であれば支持してもらえそうなのかを考えるにあたっては、自分たちの今の業務を見直すとか顧客を良く知るという従来アプローチでは不十分であり、顧客と同じ目線で感じる（＝共感する）ことが必要不可欠である。

オムニチャネルの先駆者となった米国の百貨店 Macy's では、顧客にとっての最悪の購買経験は何かを突き詰めて考えたところ「欲しいものが買えずに帰ること」であると気づいた。そこで、客ががっかりする（最悪な）購買経験をさせないために、店頭に商品がなくても他店の在庫を調べて購入できるようにしたり、店頭で迷ってその場で買わなくても帰宅途中や帰宅後ネットで購入できるようにしたりするといった仕組みを構築した。そして受け取りも店頭や自宅などその日の自分の都合に合わせて選択できるようにした。

日本でのオムニチャネルの取組みは後者のみであることが多い。なぜなら、前段の取組みでは、他店の店頭在庫を販売しようとすると、売上の成績は販売した店舗に計上される。一方で、在庫があった店舗では自分の成績にならない商品の発送準備をしなくてはならない。そのため、従業員の賛同が得られず導入できないのである。

このように自社の都合を顧客に押しつけている点で、顧客起点での発想ができていない＝すなわち、共感できていないのである。そのため、サービスを開始したものの顧客にあまり支持されないという状態に陥っているわけである。

サービスデザインの Discover では、徹底的な顧客起点での現状把握が求め

られることを以前に述べた。サービスデザインのプロセスと Test-and-Learn のプロセスは一致すると前述したが、正確には、「Test-and-Learn のプロセスはサービスデザインのプロセスに則って実施しなければならない」のである。

プロトタイプを作ってテストリリースをし、その結果を反映させて製品をブラッシュアップしていくというプロセスは、Define-Develop を複数回繰り返し、良ければリリース（Deliver）するというサービスデザインのプロセスと全く一致する。

このプロセス、実は IT 業界では何年も前から経験してきている。最もわかりやすい例が、Windows や Office ソフトである。1995 年以来何度もバージョンアップを繰り返してきた。永遠のベータ版という言われ方をされたこともある。ただし、このプロセスはプロダクトアウト、すなわち作り手の思い（あるいは思い込み）が主導して進められており、顧客起点の発想が欠如している。

ここまでの話をまとめると「顧客の共感が不足しているデジタルのサービスや製品は決してデジタル・オファリングになれない」ということである。

3-3 デジタル・オファリングの事例

タニタ

国内での身近な例としてタニタを紹介する。タニタはいろいろな「ハカリ」を作っているが、測る仕組みがアナログからデジタルへと転換が進んだことにより、IoT への対応が容易になった。以下では健康に関わる取組みを紹介する。

IoT 対応での最初の取組みは、体組成計のさまざまな測定データをスマートフォンアプリ「ヘルスプラネット」に取り込み、測定結果の可視化をするというものであった。

利用者の個人データが蓄積されていくと、ユーザーからは、自分の健康状態を良くする、あるいは保つためにはどうしたら良いのかアドバイスが欲しいという声が強くなった。スマホアプリでの対応には限界があることから、クラウドの「からだカルテ」サービスを立ち上げ、そこにデータを転送できるようにした。

ここでタニタは 2 つの協業アプローチを採用する。1 つはヘルスプラネット

のデータを他のクラウドサービスに連携させている。デジタル化時代の1つの重要な考え方として、新たな顧客経験の構築は1社では完結できるものではないということがある。そのことをタニタも理解してエコシステムを構築している。

　もう1つは「からだカルテ」のプラットフォーム化である。「からだカルテ」のサイトを見ると以下のキャッチフレーズが示されている。

健康管理はこれ1つにおまかせ！
　「からだカルテ」は、誰でも簡単に無理なく続けられる健康習慣づくりのためのWEBサービスです。体重や体脂肪率データから歩数・食事まで、健康に関する大切な情報を一つの場所に記録できます。「からだの状態」を簡単に見える化し、健康管理に必要な三要素「食事・運動・休養」のバランスを整えることで、健康づくりを長期的にサポートします。（https://www.karadakarute.jp/s/）

　健康管理へのニーズは個人のみが持つものではない、企業や地方自治体にとっても重要な課題である。健康増進は国民健康保険の財政の健全化に強く寄与するものであり、健康経営への取組みは企業ブランディングにとって必要不可欠なものとなっている。

　そこで、「からだカルテ」を運営するタニタヘルスケアは、「からだカルテ」のプラットフォームを活用して、法人向けの健康経営支援サービスを展開して企業が健康経営優良法人の認定を受けるのをサポートしたり、自治体向けに健康づくり支援サービスを展開して地域住民の健康増進をサポートしたりするようになった。

　このようにタニタは「ハカリ」というデバイスのデジタル化と世の中のデジタル化を通じて、健康寿命を延伸するという新たな価値提案を個人、法人、自治体に対して提供するようになった。

DBS銀行
　海外での身近な消費者向けサービスでの例として、シンガポールのDBS銀

行を紹介する。

　日本でも PayPay などのキャッシュレス化が進んでいるが、デジタル化が進むと物理的な存在としての銀行は不要になってきている。すでに企業間決済はデータ処理で行われ、店頭での現金での支払いがなくなれば、物理的な現金を取り扱うことがなくなってくるためである。

　DBS はこのようなデジタル化の波を先取りすることに決め、2018 年には「Live more, Bank less」という新ミッションを掲げている。

　その背景として、デジタル取引を行う顧客の方が取引額も多く、利益率も高いことが判明したからであるが、自ら既存のビジネスモデルを破壊することを選択し、2009 年からデジタルトランスフォーメーションに着手している。

　この取組みの 1 つに「API によってエコシステムのパフォーマンスを上げる」というものがあるが、この仕組みを通じて提携したベンチャーの 1 つに SOCASH がある。彼らのサービスは、「店舗のレジを ATM」に変えるというもので、DBS の顧客はこのサービスに加盟している店舗のレジから現金を入手することができる。この時、顧客の口座から店舗の口座に同時に資金移動がなされる。DBS 顧客は ATM を探しまわる必要もなく、DBS は ATM を設置、維持する必要がなく、店舗は顧客の来店頻度を高めることができるなど Win-Win-Win の関係が成り立っている。

　日本の銀行からは想像できないアプローチだが、顧客起点で顧客に新たなバンキングエクスペリエンスを提供しようという基本姿勢があるからこそ、実現できたものである。

　ここで重要な点がもう 1 つ、Win-Lose になっていないということである。顧客第一主義、お客様は神様ですといって顧客の要求のいいなりになっていては、そのサービスは長続きしない。顧客向けの新しいサービスや製品を高いコストをかけて赤字で提供しては意味がない。自社内のデジタル化も並行して進めることで、Win-Win の関係が構築できる。DBS の事例では社内のデジタル基盤の構築と API の整備が相当する。オムニチャネルの先駆者である Macy's でもオムニチャネルの実現のために在庫管理システムの大幅な再構築を実施している。

　顧客に目を向けすぎて、社内の整備がおろそかにならないようにすることも

サービスデザインでは重要なポイントになっている。Develop から Deliver に移行する際、ビジネスモデルキャンバスなどを使って、ビジネスとしてのフィージビリティスタディを実施することが必要である。

4 顧客起点を企業カルチャーにする

4-1 全社的な取組みの必要性

　サービスデザインの取組みを、商品企画や新規事業企画、マーケティング部門など一部の専門組織のみによって行っている企業は多くみられる。

　その理由として、企業が今存在できているのは現在の事業があるからであり、その事業は改良を続けながら引き続き続けていく必要があるからである。

　サービスデザインで新事業をうまくデザインできたとしても、それが主力となるには数年かかり、それまでは現行ビジネスを続けていかなければならない。

　企業の中でサービスデザイナーとして活躍する場合、このことを失念してはいけない。既存事業に従事する人々に強くリスペクトしつつ、将来の事業の柱を作るのだという強い気持ちで取り組む必要がある。既存事業に従事する彼らの活躍なしには、新規事業への投資はできないからで、この点を忘れてしまい、デジタルトランスフォーメーションへの取組みが孤立し、立ち消えになっている例もまた数多くみられる。

　一方で、現行ビジネスは3年後も主力であり続けるという保証はない。いずれは別の事業に主役の座を受け渡すときが来る。このような意識を現行ビジネスの従事者が持っていない場合、Test & Learn の取組みに対して、遊んでばかりいてと批判的な目で見るようになってしまい、会社の一体感が失われてしまう。理屈ではわかっていても、現行ビジネスにおいて競合との戦いに全力を注いでいる人々から見ると、自分たちの稼ぎを浪費しているように見えてしまうのである。

　このように企業の中では必ず現行ビジネス部門と新規事業開発部門とが存在

する。両者が対立関係にあっては企業が衰退する。先に紹介した DBS 銀行では、トップ自ら既存事業を壊すのだという強いメッセージを出して、全社的な取組みとしてデジタルトランスフォーメーションを推進している。トップからの強いメッセージがあって初めて、新規事業開発部門は現行ビジネス部門にリスペクトと感謝の気持ちを持つことができ、現行ビジネス部門は自分たちが頑張っているうちに次のビジネスの柱を作ってくれと希望を託すことができるのである。

全社一体的な取組みの風土が必要不可欠であることをよく理解しておいて頂きたい。

4-2 顧客起点の風土づくり　巻込みが大切

先に述べたように、デジタル・オファリングについて企業はデジタルで何ができるか経験が十分ではなく、顧客側も実際に手にするまで自分たちは何が欲しいのか不明なので、そのため実験と学習（test-and-learn）のプロセスを繰り返す＝実験によって顧客インサイトを得て企業でシェアできるようになる。いろいろなアイデアの可能性を継続的に試すことが必要で、このことを企業カルチャーとして浸透させなければならない。

トップからの大号令が出たとしても、実際にデジタルに適した企業風土づくりを行えるのは、サービスデザイン関係者だけであり、非常に重要な役割である。

風土改革のためには、製品開発、営業、顧客サポートなどさまざまな部門のメンバーを巻込んでプロジェクトを進める必要がある。

読者の皆さんの中には、サービスデザイナーが自らアイデアを見つけて実用化させていくものと考えている人も多いかもしれない。そのように考えているとデザイン部門は孤立し、現行ビジネス部門との対立が生じてしまう。

共創という言葉がサービスデザインでよく使われる。顧客とともに新たな価値を創造していくという意味で使われるが、それだけでなく、社内のいろいろな所属のメンバーとともに創造していくということも意味している。

4-3 組織知としての蓄積

　デジタル・オファリングのための取組みは、サービスデザイナーが参画していろいろな事業部門で行われることとなる。

　そこで非常に重要となるのは、それぞれの取組みで得られた Learn を組織全体で共有することである。企業風土として定着させるためにも共有の取組みは有効である。

　先に紹介した DBS では、CoE（Center of Excellence）という組織を作り、このメンバーがエキスパートチームとして各プロジェクトに参加し、そこで得られた Learn をセンターに持ち帰り、他のメンバーと共有するという仕組みを作っている。

　顧客との取組みで得られる Learn は実に多様である。個々のプロジェクトでの Learn で顧客のことを知り得ると考えるのは大きな間違いで、傲慢と言われても仕方がない。

　実際に皆さんがサービスデザインを実践するときに起こす間違いとして、プロジェクトに参加頂いた顧客からの発言や観察した結果から得られた知見ですべてがわかった気になってしまうことがある。プロジェクトで得られた知見は顧客の一部のことしか知り得ていないという謙虚な気持ちを持つことが必要である。

　そのことを理解している組織はいろいろな接点や取組みで知り得た知見を貪欲に収集しようとする。先の CoE も自分たちは知らないことを知っているからこそ構築されたのである。

5　おわりに

　本章はこれまで紹介してきたサービスデザインをいかに組織に活かしていくか、特にデジタルトランスフォーメーションという大きな潮流において、サービスデザインは非常に重要な役割を果たすことになるということを伝えてきた。

企業の生き残りをかけた取組みとなることから、顧客起点で考え、test-and-learn のアプローチを組織としての取組みにしていかないといけないこと、そしてその難しさについても言及した。

　サービスデザイナーとして腕を発揮したいという気持ちが強すぎると視野狭窄に陥ってしまう。本章でご紹介した全体的な視点を忘れないようにして頂きたい。デザインのダブルダイヤモンドのアプローチにおいてホリスティック（全体的）な視点が求められるが、この視点は担当プロジェクトにおいてだけでなく、組織におけるサービスデザイナーの活動についても求められるということである。

　最後に、デジタル化の時代において、サービスデザイナーもデジタル技術の利用面においてエキスパートになることが求められている。本章の冒頭においてデジタルトランスフォーメーションは世の中が急速にデジタル化する中で生き残りを図ることであると述べた。このことはすなわち、サービスデザイナーが参画して新たな顧客価値提案を考えるときデジタルの活用は不可欠であるということを示している。しかもこの点に関しては一般消費者の方が先に行くかもしれない。デジタネイティブな世代を相手にしていくことになるのだということも常に念頭におき、貪欲に新しいデジタルツールにチャレンジし、ノウハウを蓄積して頂きたい。

COLUMN 9-1　　　　　　　　**ワークマンの DX 経営**

　ワークマンは全国に 863 店舗（2020 年 3 月）を展開する建設技能労働者向けワークウェアの専門店である。作業服小売業界では圧倒的ナンバーワンの地位を築いている。しかし作業服市場での成長の限界が近いことから、業界における優位性を担保しつつ企業として成長するために、2014 年に「データ経営で新業態へ」という新たなスローガンを立ち上げた。

　内容としては、顧客の購買行動、店舗の仕入、陳列状況をデジタル化し、現況を可視化した。そしてデータに基づき制度の高い需要予測を行い、組織的に品揃え、陳列、在庫などの販売行動を行いデジタル

主導型企業への転換を実現している。このデジタル化を支えるのが、「エクセル」によるデータ加工と、データを活用し各店舗の店長、売場担当を動かすスーパーバイザーの存在である。DXにおけるデータ分析はAIや高度な統計手法を用いるものと考えがちである。しかしワークマンでは、誰でも容易に使用できるエクセルを活用し、すべての社員が参加し仕組みを創り上げている。そして組織でデータを共有し、日常業務に不可欠な存在となる段階までデジタル化を浸透させている。データからわかることはデータ間の関連性、つまり相関である。しかし事業には、相関に対する因果を明らかにする必要がある。因果とは、データ間に関連がある理由を説明することである。そして、因果を明らかにするには「実験」しかないとワークマンは考える。実験を行う場が売場であり、業務である。そのため全社員がデータに基づき考え、行動・検証し次の行動につなげるサイクルを実現している。

　一方、新業態については、アウトドアスポーツウェアを展開している。高価な有名ブランドに対し、ワークマンのワークウェアは高機能で低価格のため愛好家の間で有名になった。この現象からワークマンは新たな顧客の存在に気づいた。そしてスポーツ、アウトドア、防水ウェアとして使用できる機能を持つ自社製品を「アウトドアスポーツウェア」として位置づけ、新業態「WORKMAN Plus」を展開した。店舗のデザインはアパレル風である。また、マーケティングもアパレル風に、アンバサダーマーケティングというインフルエンサーを使ったSNSアプローチをしている。そして、販売の仕組みもClick and Collect（クリック・アンド・コレクト：オンラインストアで購入し店舗などで商品を受け取る仕組み）と呼ばれるデジタル時代に主流となっている方法を取り入れている。スマホで注文して並ばずに受け取る。せっかくきたので店内をまわって新しい商品を見つけ、悩んだ末自宅でネット決済し、また店舗に受け取りに来る。時代の変化に対応したデジタル活用による販売方法を生み出している。この方法を応用し、女性向け売場の「ワークマンレディース」を2020年10月から展開しており、ワークマンの売り上げの急成長に大きく貢献している。

5　おわりに

このようにワークマンは既存事業のデジタル化から着手し、作業服専門店における優位性を担保しつつ、デジタル技術を活用して若い女性にも人気のアウトドアウェアショップ事業の立ち上げに成功している。

エクササイズ

エクササイズ1

DXに取り組んでいる企業にどのような企業があるか、インターネット検索、新聞・雑誌検索データベースを使って調べてみよう。

エクササイズ2

①の企業のDX事例についてデジタル・オファリングの枠組み（DXによって解決した顧客の問題は何か、その問題はどのような技術を活用して解決しているのか）を使って考えてみよう。その結果を周りの人と共有してみよう。

エクササイズ3

あなたの身近な事象で、デジタル・オファリングにできる対象がないか考えてみよう。

さらに学びたい方へ ↴

藤井保文（2020）『アフターデジタル2─UXと自由』日経BP社。

田中道昭（2019）『アマゾン銀行が誕生する日─2025年の次世代金融シナリオ』日経BP社。

松井昌代 監修（2020）『Beyond 2025──進化するデジタルトランスフォーメーション』プレジデント社。

アンドレアス・ワイガンド（2017）『アマゾノミクス─データ・サイエンティストはこう考える』（土方奈美 訳）文藝春秋。

10章

サービスデザインの組織導入

1 はじめに

2020年1月にラスベガスで開催されたCESにおいて、トヨタ自動車が"WOVEN CITY"という新しい街のコンセプトを提示した。「なぜ、自動車メーカーが新しい街のコンセプトを提案したのか」と感じた人もいるかもしれない。ここにこそ、サービスデザインの考え方が込められている。

サービスデザインは、単に手法にとどまるものではない。価値を創造するための考え方と手法・ツールがセットになった「フレームワーク」である。そう考えると、サービスデザインを企業経営に摂り込むポイントは、企業のあり様や経営のやり方を見つめ直す点にある。

本章では、サービスデザインという考え方を通じて、企業経営を改めて考察する。

2 サービスデザインと経営

2-1 ステイクホルダーとの関係性における"経営"：サービスデザインと経営のかかわり

経営する、とはどういうことなのか。ここで「経営する」という言葉の語源を少したどってみよう。一般に、英語では"manage"という言葉、ドイツ語では"betreiben"という言葉を使う。"manage"とは、「馬の手綱を捌く」という"manege"に由来する。もっとたどれば、manus（＝手）に源がある。一方、"betreiben"は「営む」「動かす」「扱う」といった意味を持つ。どちらも、ある方向へと動かしていくという意味を持っている。つまり、「経営する」とは、さまざまなモノやコトを見定めた方向へと動かしていくことである。

企業は、「他者の欲望や期待を充たすことで、自らも何らかの成果を得ようとする」ところに、存在理由がある。そもそも、人間は自らの欲望や期待を自分自身だけで充たすことはできない。だからこそ、自分ができることを活かして、他者の欲望や期待を充たし、それによって自分では充たせない自らの欲望

や期待を充たしていこうとする。このような営みを価値創造と呼ぶ。つまり、「企業を経営する」とは価値創造を実現していくために必要となるさまざまな活動（Service）を基礎づけ、方向づけていくことであると捉えることができる。

では、企業にとっての他者とは誰か。ここで重要なのは、一般的に企業内部に属するとみられがちな経営者も出資者も従業員も、それぞれは個々別々の主体であって、企業にとっては他者だという点である。逆に言えば、経営者や出資者、従業員、取引先、債権者、顧客、さらには政府や自治体など、企業にかかわるさまざまな活動主体（アクター）は、それぞれが企業にとっての貢献活動を提供すると同時に、それぞれが抱く欲望や期待を企業がもたらす効用を通

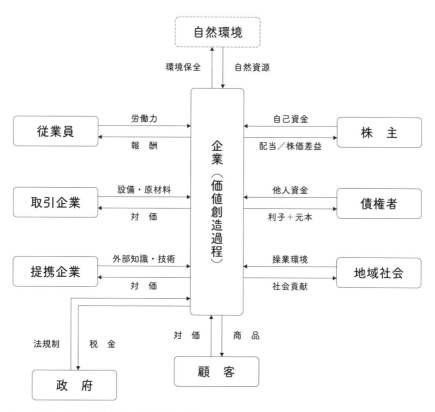

図表 10-1　企業をめぐるステイクホルダー

じて充たそうとする。これらのアクターのことを、ステイクホルダー（Stake-holder）と呼ぶ。

　ちなみに、サービスデザインの創始者のひとりであるマーガーは、次のように述べている。

> 「サービスデザインは、関連するステイクホルダーの価値を共創するために、複雑なシステム内でのプロセス、テクノロジー、および相互作用を"振り付ける"」（Mager　2017）。

　"振り付ける（choreograph）"というのは、少しわかりにくい表現だが、もともとは演劇や舞踊でポーズや動作の流れを構成することをさす。その結果として、舞台上に演劇や舞踊というパフォーマンスが現れ、それを観客は享受することで心を揺さぶられる。つまり、サービスデザインとは、ある事業に参加する登場人物＝アクターとしてのステイクホルダーそれぞれに価値をもたらすように振り付けることなのである。

　どんなステイクホルダーが登場するのかという視点は、それぞれの企業あるいは事業によって異なる。事業を展開していくうえで、誰とのあいだにどんなやり取り（価値交換）が生じるのか、そしてそのやり取りがどうつながっていくのか（価値が循環する仕組みとしてのエコシステム）という点は、ビジネスを考えるうえで欠かせない。このように考えると、ステイクホルダーの欲望や期待を充たすことを出発点として、さまざまな活動や行為をどのように基礎づけ、方向づけていくのかが、「経営する」という営みを考えるうえで一番大事な課題となることがわかる（ハリシキヴィッチ　2019）。

2-2　サービスデザインと企業の "脱皮"

　では、なぜサービスデザインが経営を考えるうえで重要になるのか。その背景には、近年の VUCA と呼ばれる社会経済環境や自然環境の劇的変動がある。VUCA とは、Volatility（変動性）、Uncertainty（不確実性）、Complexity（複雑性）、Ambiguity（曖昧性）の頭文字をとったものである。簡単に言うな

ら、変動性とは変化しやすい状況を、不確実性とは将来が見定めにくい状況を、複雑性とは起こりうる可能性が多様に存在している状況を、そして曖昧性とは事象の境界を明確に設定しにくい状況をさしている。こういった状況認識それ自体は、以前からも示されていた。その点で、VUCAという言葉それ自体が重要なのではない。重要なのは、VUCAそれぞれについて、いったいどのような事態が生じているのかを捉えることである。その把握なしに、自社を激動する環境の中で位置づけ、その構想を描き出すことなどできない。そのための姿勢かつ方法として、サービスデザインがあるわけである。

冒頭にも掲げたトヨタ自動車の場合、「これから先も今までと同様に内燃機関による自動車の生産を事業の中心に置き続けて、企業としての将来的な発展が可能なのかどうか」を自ら問うたわけである。その際、もちろん技術的な変化を考慮に入れていることは言うまでもない。ただ、それ以上に技術的変化や自然環境の問題などを踏まえて、人間生活がどのように変容していくのかを見定め、「そもそも、トヨタという会社は何のために存在しているのか」を問い直し、改めて構想として描き出したことこそが重要なのである。

このような企業のあり様を変容させるという事態は、今までにも数多くの議論がなされてきた。企業変革や企業発展、最近ではコーポレート・トランスフォーメーションというような言葉も用いられている。大事な点は、いかにして変化させていくのかという点である。これを比喩的に、「企業が脱皮する」と呼んでみよう。企業を脱皮させるのは、もちろんそこに参加しているステイクホルダーである。基本的には、経営者や従業員といった、常に企業において協働しているステイクホルダーである。社会経済や自然といった環境の変化を知覚し、そこから企業のありたい状態を構想して、これからの活動へと反映させ、価値創造を実現しようとしていくことが、ここでは最も重要なポイントになる。その実装原理が、サービスデザインなのである。

3 サービスデザインにもとづいて経営をデザインする

ここからは、サービスデザインの考え方に立脚して、経営をどうデザインす

るのかについて考えることにしよう。ここでは、大きく4つの問題領域から捉える。

(1) 自社の存在意義を捉え直す：企業理念
(2) 自社の方針を策定する：企業政策から経営戦略へ
(3) 活動の連鎖を設計する：企業体制と組織構造
(4) 意味の醸成と共有：企業文化／組織文化

　これらの問題領域は、企業の基盤にかかわる。サービスデザインは、製品・サービスといった価値提案にとどまらず、企業の基盤そのものをデザインするところにも活かすことができる。

3-1 自社の存在意義を捉え直す：企業理念

　企業理念の重要性は、かなり以前から注目されている。企業理念については、会社によって経営理念、ビジョン、ミッション、バリュー、フィロソフィ、クレド、社訓など、さまざまな名称で呼ばれている。多くの企業では設定されているが、なかには明示的に定めていないところもある。企業理念の最大の役割は、企業の社会経済的な存在意義を明確に示すところにある。社会経済的とは堅苦しいが、平たく言えば"世の中における"ということである。そして、存在意義とは「なぜ、我々は存在しているのか」「何のために存在しているのか」という問いに対する企業自身の見解である（Column 10-1）。

　変動の大きな社会経済において、新たな価値提案を行っていくためには、「自分たちは何者なのか」という点、つまり存在意義に関する共通認識が欠かせない。企業理念の最大の役割は、ここにある。サービスとは、他者のためになされる行為をさす。このことを考えると、サービスデザインを経営に活かそうとするなら、企業理念からあらためて捉え直す必要が出てくる。

COLUMN 10-1
企業理念と Purpose

例えば、マザーハウスはフィロソフィという言葉のもとに、「途上国から世界に通用するブランドをつくる」という企業理念を提示している。ここには、自分たちの存在意義と同時に、使命や将来のあるべき姿も表現されている。また、最近はパーパス（Purpose）という言葉も用いられるようになってきた。パーパスというと、一般的には"目的"と訳されるが、"存在意義"のほうがよりニュアンスを明確に伝えてくれる。例えば、ソニーは 2019 年 1 月に、それまでミッション・ビジョン・バリューという三層構成だった企業理念体系を、Purpose & Values という構成にあらためている。

3-2 自社の方針を策定する：企業政策から経営戦略へ

企業理念によって自社の存在意義を明確化した次の段階として、より具体的な目標や方針を設定していくことが必要になる。これを企業政策（corporate policy / business policy）という。これと似たものとして、経営戦略（corporate strategy）という言葉がよく用いられる。企業政策というとき、企業をめぐるさまざまな欲望や期待、利害を念頭に置いたうえで、どのような目標や方針を策定していくのかというところに重点が置かれる。一方、経営戦略という場合には、何らかの目的や目標を実現していくための道筋というニュアンスが濃くなる。これらは、厳密に分けられるものではない。ただ、サービスデザインの考え方を反映させるとき、企業政策という側面がより重要になる。

ここで、企業政策を考えるうえでの 4 つの目標方向づけについて考えてみよう。

(a) ステイクホルダーへの目標方向づけ

(b) 時間軸に関する目標方向づけ

(c) 経済的な目標方向づけ

(d) 社会的な目標方向づけ

(a) のステイクホルダーへの目標方向づけとは、「どのステイクホルダー

に、どのような効用をもたらすのか」という点について、目標設定することである。効用とは、ステイクホルダーがそれぞれに抱いている欲望や期待を充たす内容をいう。つまり、それぞれのステイクホルダーに対して、どのような満足をもたらしていくのかが、ここで設定される。

（b）の時間軸に関する目標方向づけとは、どれくらいのタイムスパンで、どのような状態になりたいのかを描き出すことである。時間の推移によって社会経済的環境（世の中）は変化する。その際に、短期や中期、長期といった観点で、どういう企業になっていきたいのかを構想することが、ここでの課題となる。

（c）は、大きく分けて実質目標と財務目標の2つからなる。実質目標は、製品やサービシィーズ、コンテンツなど、具体的な価値提案について、何を、どれくらい、どのようにして創出し、提供するのかにかかわる。実質目標が、事業戦略や競争戦略などを方向づける役割を果たすことになる。一方、財務目標は、利益や付加価値といった期間単位で測定する経済的成果や、流動性やキャッシュフローなど時間の流れの中での資金運用能力に関する目標が設定される。これらは、企業の経営戦略の根幹をなしている。

（d）は、自然環境保護や、地域社会や従業員など、多様なステイクホルダーとの関係性にかかわるソーシャルな側面など、社会的な目標についての方向づけが課題となる。近年、SDGs（Sustainable Development Goals；持続可能な開発目標）を企業活動に摂り込むことが広くみられるようになってきた。大規模な自然災害の頻発、貧困の問題など、地球において生命を享けている人間が避けては通れない課題が、眼前に迫っている。企業もまた、この点に向き合わなければならなくなった。こういった点を、企業の活動にどう包摂していくのかが、ここでのポイントとなる。

企業政策において、この4つの目標方向づけがすべて示されていなければならないというわけではない。ただ、これらの点を意識した企業の目標や方針が設定・明示されることで、その企業がどういった存在でありたいと考えているのか、どのように価値をもたらしていきたいと考えているのかを、多くのステイクホルダーと共有することが可能になる。これこそが、その企業のコンセプト（将来構想）なのである。

このコンセプトをいかにして実現していくのか、その道筋を設定していくのが戦略である。競争戦略論を切り拓いた研究者であるポーターは「共有されうる価値の創造／共通価値の創造」（Creating Shared Value：CSV）という考え方を提唱している（ポーター 2011）。これは企業をとりまく多様なステイクホルダーとの関係性を意識したうえで、それらのステイクホルダーによって共有されうる価値を創造していくことこそ、現代社会における企業の競争優位を確立する際に重要であるという指摘である。その点で、サービスデザインとCSV は密接につながる考え方なのである。

3-3 活動の連鎖を設計する：企業体制と組織構造

企業政策を通じて策定された方針や目標の体系は、企業のメンバーそれぞれの役割へと振り分けられる必要がある。協働するというのは、何らかの目的を達成するために、複数の個人が役割分担して、それぞれの業務を担う（分業）と同時に、それらを目的達成へと結びつけていく（協業）ことである。その際には、「何を目指すのか」「そのために、どんな役割へと分割するのか」「誰が、何を担うのか」「それらをどう調整していくのか」といった課題が浮上する。そこに共通するのが、コミュニケーションである。コミュニケーションの経路をどのようにデザインするのか、それが企業体制や組織構造の問題なのである。

これまで一般的に考えられてきた組織構造は、図表10-2 のような４つのパターンで示される。①のライン型組織は軍隊型あるいは階層型とも呼ばれる。この組織構造は、コミュニケーションが１本の線（ライン）でつながっている。そのため、指示や命令などの統一性が保たれやすいという特徴がある。その反面、組織の規模が大きくなると、トップの負担がきわめて大きくなるほか、１本のラインが長くなることで、コミュニケーションに時間がかかってしまう危険性もある。

そのような問題点を克服するために、テイラー（Taylor, F. W.）によって提案されたのが②のスタッフ型組織である。この名称は、職能あるいは機能別に専門的な知識を持った担当者（staff）を上司として置いたことからついた。職

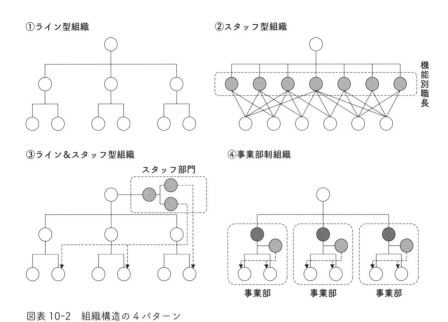

①ライン型組織 ②スタッフ型組織

機能別職長

③ライン＆スタッフ型組織 ④事業部制組織

スタッフ部門

事業部　　事業部　　事業部

図表 10-2　組織構造の 4 パターン

能的組織あるいは機能的組織とも呼ばれる。これは、技術をはじめとして専門的な知識が増大し、ライン型組織における上司の負担が重くなってきたことから考え出された組織構造である。ここでは、現場の従業員は、職能あるいは機能ごとに専門のスタッフから指示を受けるというかたちになる。これによって新しい知識などを組織に反映することが容易になる一方、複数の上司から指示を受けることになるため、コミュニケーションの統一性が保たれないという問題を惹き起こした。

　そこで考案されたのが、③のライン＆スタッフ型組織である。これは、基本的にライン型組織をベースとしながら、専門性の高い職能に関してはスタッフ型組織として、そのつど、指示を受けるというものである。この組織構造は、多くの企業などで採り入れられている。

　さらに、④事業部制組織というのは、ライン＆スタッフ型組織に類似しているが、企業における事業単位ごとに擬似の会社のように各職能が設置されている組織構造である。事業部門のほかに、本社部門（コーポレート部門）などの

3　サービスデザインにもとづいて経営をデザインする

スタッフ型組織が設置されているケースも珍しくない。意思決定権限が事業部に移譲されることが多く、迅速な意思決定が可能になるという特徴を持つ。また、企業が自社の存在意義や方向性の見直しなどをした場合、事業部単位で他者に売却したりすることも可能になる。

　また、今では製品・サービス、コンテンツなどの企画から販売までを単独の企業だけで一貫して行っているケースは稀である。ネットワーク組織や先ほども触れたエコシステム（とりわけ、ビジネス・エコシステム）のように、複数の企業や組織体が協働して価値の創造を行うことが珍しくなくなってきた（原田、若林　2020、第3章）。このような場合、1つひとつの企業の規模は大きくなくても、事業として大きな展開をしていくことも可能になる。

　このように、組織構造というのは社会経済的環境の変化の激しさや大きさによって、その姿を変えてきた。2-2で述べたようなVUCAとも呼ばれる現代においては、組織構造もあらためてデザインされる必要が生じている。企業内部でもメンバーの自律性を重視した組織構造を構築しようとする動きが増えている。自社の存在意義や目指す方向性を踏まえたうえで従業員が自律的に活動するとき、上意下達的な組織構造では生み出されにくいアイデアや発想が価値提案、あるいは効果的な協働提案として具現化されるケースがみられる（Column 10-2）。ただ、この組織構造がより有効に機能するためには、そのメンバーの考え方や姿勢、価値観との整合性が重要になる。それが企業文化／組織文化である。

COLUMN 10-2　　　　**組織構造と組織文化のデザイン**

　例えば、日本における「働きがいのある会社」に、2020年度現在まで4年連続でベストカンパニーとして選ばれている株式会社ヤッホーブルーイングでは、従業員のやりがいにつながるような数多くのコミュニケーション施策によって、フラットな組織構造を形成している。具体的には、職位階層を社長、ユニットディレクター、プレイヤーの3つのみとし、部長職としてのユニットディレクターもすべて立候補制としている。また、プロジェクトを軸とした組織構造、スタッフの資

質の共有、ニックネーム制など、ひじょうに興味深い施策が数多く打ち出されている。このような従業員一人ひとりの自律性に光を当てる組織構造形成は、稟議書制度を廃止して、自律的な企画提案が生み出されるようにした木村石鹸工業株式会社などにも同様の方向性をみることができる。

　また、大阪府堺市にある太陽パーツ株式会社は、1998年から「大失敗賞」という表彰制度を設けている。これは、半年に1回行われるもので、失敗を恐れずに挑戦する気風をどう生み出すのかというところから生まれた。さらに、失敗を乗り越えるノウハウを共有するところにも狙いがある（『朝日新聞デジタル』「〈大失敗賞〉、社長も受賞　左遷をしない企業の人事術」2018年9月3日）。このように、挑戦する組織文化を醸成したいのであれば、それを促すようなしくみのデザインと実践が必要となる。先ほど触れたヤッホーブルーイングや木村石鹸工業における構造／しくみのデザインも、同様に従業員の行為前提となる認識、あるいは〈意味〉を醸成するところに重点を置いている。

3-4　意味の醸成と共有：企業文化／組織文化

　企業においては、人間がおカネやモノ、情報、そして人間の活動などを動かしている。ここで重要なのは、人間の活動を動かすという点である。現代の社会において、1人ひとりの人間には、自らの意思や感情にもとづいて考え、行為することが認められている。これを自律にもとづく自由と呼ぼう。さて、ここで皆さんは重大な矛盾に気づかれただろうか。「人間の活動を動かす」というとき、自分自身だけでなく、他者の活動も当然そこには視野に含まれている。しかし、1人ひとりの人間には自律にもとづく自由が存在する。1人ひとりの自律にもとづく自由を基礎にしながら、いかにして協働を実現するのか。この点は、とりわけ1930年代以降の経営学において、さまざまなかたちで議論されてきた。

　その中で、重要な概念となっているのが、企業文化／組織文化である。組織

文化研究の第一人者であるシャイン（Schein, E. H.）は、組織文化を「グループが外部への適応、さらに内部の統合化の問題に取り組む過程で、グループによって学習された、共有される基本的な前提認識のパターン」（シャイン2012、21頁）と定義している。「外部への適応」「内部への統合化」とは、まさにさまざまな活動の連鎖・ネットワークとしての組織（厳密には、諸活動が時間的・空間的に組織化されゆくプロセスとしての組織化；Organizing）そのものである。その際に、さまざまな活動などの結果として知見を得ていくプロセスとしての学習を通じて、メンバーによって共有される行為前提こそが、組織文化なのである。

　こういった企業文化／組織文化の醸成プロセスは、ワイクのいうセンスメイキング（Sense making；意味形成）という概念によって説明できる。ワイクによれば、センスメイキングは以下の7つの特性を持つプロセスであるとされる（ワイク　2001、22頁）。①アイデンティティ構築に根づいたプロセス、②回顧的プロセス、③有意味な環境をイナクトするプロセス、④社会的なプロセス、⑤進行中のプロセス、⑥抽出された手がかりが焦点となるプロセス、⑦正確性よりももっともらしさが主導となるプロセス、この7つである。つまり、センスメイキングとは、自分（たち）が何者であるのかをそれまでの経験を振り返りながら見出していくプロセスであり、その際にはその主体を取り巻いているさまざまな人間の活動やモノを何らかの意味を持った環境として見定めていく（Enact）ところに特徴がある。さらに、それは相互作用し合っている人間どうしのあいだで生まれゆくプロセスであり、そこでは抽出された手がかりに焦点が当てられることになる。そして、その意味を生成し、共有する際には、正確であるかどうかよりも、メンバーにとってもっともなことと受け容れられるという点が重要になる。

　サービスデザインを経営に摂り込んでいくとき、組織文化はきわめて重要なポイントになる。というのも、サービスデザインにおいて重視される経験／体験（Experience）、とりわけユーザーの経験／体験をデザインしていこうとする際、それは企業としてトータルなコンセプトのもとに企画・実装される必要があるからだ。となれば、そのサービスを提案しようとする企業の多くの、可能ならばすべてのメンバーによって〈意味〉が共有されていることが欠かせな

い（Column 10-2）。

4 サービスデザインは、なぜ企業経営にとって重要なのか

　ここまで、サービスデザインにもとづいて企業経営を捉えると、どのように考えることができるのかについて説明してきた。サービスデザインは、基本的に顧客／ユーザーが潜在的／顕在的に抱く欲望や期待を充たすような価値提案を生み出し、提供し、顧客／ユーザーとともに価値を創造（共創）するところに主眼が置かれている。ただ、その際に、顧客／ユーザーだけをみるのではなく、価値を共創していくプロセスに関係するさまざまなステイクホルダー／アクターにとっても価値がもたらされることを目指す点に、サービスデザインの大きな特徴がある。サービスデザインがエコシステムという考え方に深く結びつくのは、まさにここなのである。

　この点に留意すると、サービスデザインにもとづいて企業を経営していくうえで、自社のことだけを考えるという姿勢は採り得ない。つまり、共生という視点が求められる。循環型社会経済（Circular Economy）を実現しようとしていく際にも、サービスデザインの考え方や方法がしばしば採り入れられている。企業政策のところでも触れたように、現代の企業が経済的成果だけを追求することはきわめて困難である。それは、もちろん倫理的要請でもあるが、そういった倫理的要請が顧客をはじめとするさまざまなステイクホルダーの行動原理に浸透しつつある。世界的なコンサルティング・ファームのデロイトが2019 年に発表した "The Deloitte Global Millennial Survey 2019" において、ミレニアル世代（1983〜1994 年生まれ）や Z 世代（1995〜2002 年生まれ）が製品・サービスを購入する際に、社会的・倫理的であるかどうかを判断基準にする比率が世界的には 40 ％前後を占めていることが明らかにされている。こういった動向を考えるとき、ユーザーをはじめとするステイクホルダーの経験／体験を重視するサービスデザインの考え方は、とりわけ重要な意味を持つ。

　これまでの経営においては、企業が考慮すべき顧客／ユーザーの欲望は、主

として機能的な側面に関して注目されてきた。審美的側面や倫理的側面（これらを包括して意味的側面とみることができる）は、一部を除いて十分には考慮されてこなかった。しかし、経験／体験は機能的・経済的な側面だけに尽きるものではない。ウキウキしたり、ワクワクしたり、あるいは時に悲しさを感じたりなど、喜怒哀楽に代表される感情がそこには必ずついてくる。優れた企業は、もちろんそういった側面を古くから考慮してきた。しかし、それが特殊な事例ではなく、一般化しつつある。企業も社会経済、より広く考えると地球という1つの惑星において存在する活動主体であると考えるなら、その一員として、いかに存在意義を明確化していくのかがポイントになる。サービスデザインは、この点を視野に入れた企業経営実践にとって、きわめて重要な手がかりを与えてくれるのである。

5 おわりに

　サービスデザインは、企業にとってみれば顧客やその他のステイクホルダーに対して何がしかの価値をもたらすための実践姿勢あるいは方法である。しかし、それにとどまらないところに、サービスデザインの魅力とおもしろさがある。その1つをあげるなら、企業も他のステイクホルダー／アクターと同じ1つのアクターとして、新たな価値観、あるいはその基盤となる意味を他のアクターとの協働の中で生み出していくことが可能になるという点である。それは、結果的にその企業を脱皮させ、新たなステージへと進ませる可能性を拓いてくれる。

　サービスデザインを学び、実践しようとされる読者の皆さんも、広い視野を持って思索し、試行していただければと願う。

エクササイズ

以下のステップで、ある企業の"脱皮"を提案してみよう。その際には、

必ず、その企業が将来の「ありたい姿」を具体的に提示すること。

> **エクササイズ1**

別添の「ビジネスリサーチシート」と「ビジネスモデルキャンバス」を用いて、ある企業の現状（As-Is）を描き出してみよう。

> **エクササイズ2**

他の章で学んだサービスデザインの方法で新たな事業提案を考えてみよう。

> **エクササイズ3**

あらためて「ビジネスリサーチシート」と「ビジネスモデルキャンバス」を用いて、ある企業の将来像（To-Be）を描き出してみよう。

さらに学びたい方へ ⤵

藤井保文（2020）『アフターデジタル2：UXと自由』日経BP社。

デイビッド・ハンズ（2019）『デザインマネジメント原論』（篠原稔和 監訳）東京電機大学出版局。

マイケル・リューリック他（2019）『デザインシンキング・プレイブック』（今津美樹 訳）翔泳社。

マーク・スティックドーン他（2020）『THIS IS SERVICE DESIGN DOING：サービスデザインの実践』（安藤貴子、白川部君江 訳）ビー・エヌ・エヌ新社。

　☞ この2冊は、サービスデザインの全体プロセスについて詳述している。

マーク・ベニオフ、モニカ・ラングレー（2020）『TRAILBLAZER：企業が本気で社会を変える10の思考』（渡辺典子 訳）東洋経済新報社。

エピローグ　－DX 時代に向けてサービスデザインを学ぶ

映画『インターンシップ（The Internship）』

　ハリウッド映画『インターンシップ』（20 世紀フォックス配給）は、Google 本社が舞台のコメディ映画である。制作には Google が全面協力し、Google の本社の施設、社員向けサービスも次々に登場する。Google 創業者の 1 人であるセルゲイ・ブリン氏も出演している。

　この映画では Google のインターンシップの採用プロセスが描かれる。この映画のストーリーは次のようである。勤務先が倒産し解雇された 2 人の男性が主人公である。彼らは、ネット検索で見つけた Google のインターンシップに応募する。インターンシップでの活動が認められれば正社員として採用される。2 人の男性はプログラミング技術について全くの素人であり、著名大学出身でもない。採用面接では専門知識に関する質問には全く答えることができない。不採用となるべきところ、面接官の 1 人が多様性の重要性を主張し 2 人はインターンに採用される。インターン生は Google から与えられたチャレンジ（課題）の解決を期限内に行うことが求められる。ただし課題解決はチームで行わなければならない。チャレンジごとにチーム単位で評価が下される。そしてチャレンジの評価の合計で総合順位が決まる。そして順位トップのチームが正社員として採用される。

　映画で登場する Google が提示するチャレンジ（課題）は、5 つである。新製品のバグを 200 万のプログラムコードの中から発見する。ホウキを両脚に挟んで移動しチームで連携して相手ゴールにバレーボールを入れるオリジナルスポーツゲーム。今までにないゲームアプリの開発。満足度の高い Google のヘルプデスク対応。そして Google に広告を掲載していない会社を探して広告掲載契約を結ぶこと。

　インターンシップの参加者同士が話し合いチームを編成する。当然、各チームは優秀なメンバーを入れようとする。どのチームにも入ることができないメンバーが集まり 1 つのチームを編成する。主人公の 2 人もこのチームに入ることになる。

2人以外のインターンは、著名大学を卒業し豊富な知識と優れた能力を持つ。豊富な知識とプログラミング能力を持つ彼らだが、いつもパソコンを使った検索とプログラミング、会社の建物内での議論をくりかえす。ただしその議論は常にロジカルである。しかし知識の多くは学校の講義と本で読んだ知識であり、社会の現場体験から得た知識はほとんどなかった。そこで2人はチームメンバーをダウンタウンのレストランやクラブに連れ出し、日常社会を体験的に理解することの大切さを伝える。Google が求める人材は高い能力だけでなく、社会に存在する問題を発見すること、そして人間と情報をつなぐことである。そして個人の能力だけでなく、チームのメンバーの力を引き出すことである。常に人を中心に考えること、そして人と企業や社会とをつなげるために、与えられたチームで相互の力を尊重し引き出しながら問題を発見し解決する。このような能力を Google では「グーグリネス（Googliness）」と呼ぶ。

3つの「真実の瞬間」

　製造業でも2000年代から人を中心に思考することに注目している企業がある。それが洗剤、バス・トイレタリーなどのグローバル企業である P&G である。P&G は同業他社だけでなくさまざまな国のさまざまな企業がその経営、マーケティングの活動を参考にしている。その P&G に 2000 年～2009 年 CEO として活躍し、売上高を2倍、利益を4倍にしたアラン・ラフリーが組織に浸透させたことが、「消費者がボス」（Consumer is Boss）と、2つの「真実の瞬間」（Moment of Truth：MOT）である（Dyey　2003、廣田　2019）。

　「消費者がボス」とは、すべての企業活動を、消費者（人）を中心に据えて考え、行動することである。刻々と変化する消費者の行動を常に確認し続けることである。消費者が現在、どのような生活をして、どのような理由でどのような商品、サービスを使い、何に満足し、何に不満を持っているかを理解することである（ここでは、製造業から出荷されるまでを「製品」、流通業以降を「商品」と表現する）。2つの「真実の瞬間」とは、第1に、小売店店頭における消費者と商品が出会う場面の真実の瞬間（1st MOT）、第2に、消費者が商品を使用する場面の真実の瞬間（2nd MOT）である。P&G では製品を開発するだけでなく、消費者と商品がコンタクト（接する）場面（ポイント）を管理

することによって、消費者に商品の存在を正しく理解してもらうことを重視する。そして、「真実の瞬間」の質をあげることによって消費者の満足度につながると考えている。

2つの真実の瞬間に加えて2011年にGoogleが新たな真実の瞬間を提唱した。それが検索行動における真実の瞬間（Zero MOT）である。デジタル化の進展によって消費者の行動が変化し、最初に商品、サービスと出会うのは、店頭ではなくスマートフォン、パソコンによる検索行動に移項したのである。真実の瞬間の考え方は、本書でも取り上げたカスタマージャーニーにつながる。そして企業が対象とすべきことは、人（消費者）の行動に注目し、使用する場面だけでなく、使用する前後を含めた体験として捉えることが必要となる。そして体験を創造するための思考法としてサービスデザインが存在する。

曖昧さと失敗

2020年1月からに我が国に急速に拡大した、新型コロナウィルスは社会、産業、生活に大きな影響を与えた。世界中に拡大した新型コロナウィルスにどのように各国が対応するかを比較できる状況に置かれた。同じ状況におかれても感染抑制と社会・経済活動をどのように両立させるかに各国の対応はさまざまである。各国の対応で共通しているのが、何らかのかたちでデジタル技術を活用し両立に結び付けていることである。過去の感染症拡大とは異なりデジタル技術の進展がかろうじて両立を実現する武器を提供してくれている。

そしてデジタル技術を活用しながら発生する未知の問題に対する解決を創造することが今後も求められていく。このような状況に我々が対応するためにデザインの力が存在する。

未体験の状況にはどこにも解は存在しない。そのため置かれた状況を捉え問題を発見し、その問題を解決する思考と行動が求められる。コロナ禍以降は新たな環境に向けた市場創造、産業構造、事業構造が求められる。このような状況に対応するための思考法が、サービスデザインである。

スタンフォード大学の機械工学科にはデザイン研究を行う部門がある。それがCDR（Center of Design Research）である。このCDRのトップがラリー・ライファー教授である。ライファー氏はデザインを、人間中心の思考であるこ

と、そして人間にもたらす価値と、事業性、実現するための技術の3つを統合する役割を果たすものとして説明している。そしてデザインをする行動を、"Dancing with ambiguity"（曖昧さとダンスする）と表現する。

　サービスデザインを使えばすぐに問題を発見でき、答えを生み出せるわけではない。試行錯誤を繰り返し問題の発見と解決につなげるのである。サービスデザインを学ぶことは、この試行錯誤をうまく行うことにつながる。曖昧さとのダンスとは、思考、行動によって生まれた結果をもとに次の思考、行動に活かすことである。うまく行かないこと、失敗することも多くある。しかし失敗は、行動しなければ得られない情報をもたらす。そして、この情報は次の行動を創造するために必要な情報である。このような失敗を「建設的な失敗」（Conservative failure）と呼ぶ（Komisar　2001）。建設的な失敗にはポイントがある。早く失敗することであり、小さく失敗することである。

　サービスデザインは、曖昧さを受け入れ、曖昧さと取り組みながら曖昧さを捉えていくことである。DX時代の経営には、社会環境の変化に伴う人々の問題を発見し、その問題をデータとデジタル技術によって解決し、新たな市場とビジネスモデルを創造することが求められる。サービスデザインはその実践に不可欠な思考法なのである。

　本書の出版に際して、丸善出版株式会社企画編集部の小西孝幸氏には大変お世話になりました。我々の草稿に丁寧に目を通して頂き、読み手が読みやすくなる工夫や表現に関する多くの助言を頂きました。この場を借りて厚くお礼申し上げます。

参考文献一覧

プロローグ

Stolterman E., A. C. Fors（2004）"Information Technology and the Good Life," In B. Kaplan , D. P. Truex, D. Wastell, A. T. Wood-Harper, J. I. DeGross（eds）*Information Systems Research. IFIP International Federation for Information Processing*, vol 143. Springer, Boston, MA, 687-692.

経済産業省・特許庁（2018）「「デザイン経営」宣言」経済産業省・特許庁 産業競争力とデザインを考える研究会.

特許庁（2019）「「デザイン経営プロジェクト」レポート」.

1章

石井淳蔵（2009）『ビジネスインサイト ―創造の知とは何か』岩波新書.

石井淳蔵（2010）『マーケティングを学ぶ』ちくま新書.

クリステンセン，C. M. 他（2017）『ジョブ理論 イノベーションを予測可能にする消費のメカニズム』（依田光江 他訳）ハーパーコリンズ・ジャパン.

ケリー，T., D. ケリー（2013）『クリエイティブ・マインドセット』（千葉敏生 訳）日経 BP 社.

ケリー，T., J. リッドマン（2002）『発想する会社！ ―世界最高のデザイン・ファーム IDEO に学ぶイノベーションの技法』（鈴木主税 訳）早川書房.

コトラー，P., K. L. ケラー（2014）『マーケティング・マネジメント 第 12 版』（月谷真紀 訳）丸善出版.

スティックドーン，M. 他（2020）『This is Service Design Doing サービスデザインの実践』（長谷川敦士 監訳）ビー・エヌ・エヌ新社.

スティックドーン，M., J. シュナイダー（2013）『サービスデザイン・シンキング―領域横断的アプローチによるビジネスモデルの設計』（長谷川敦士 監訳）ビー・エヌ・エヌ新社.

ノーマン，D. A.（2015）『誰のためのデザイン』（岡本明 他訳）新曜社.

ブラウン，T.（2014）『デザイン思考が世界を変える』（千葉敏生 訳）早川書房.

ポランニー，M.（2003）『暗黙知の次元』（高橋勇夫 訳）筑摩書房.

八重樫文，安藤拓生（2019）『デザインマネジメント論』新曜社.

Thomke, S.（1998）, "Managing experimentation in the design of new products," *Management Science*, 44(6), 743-762.

経済産業省・特許庁（2018）「「デザイン経営」宣言」経済産業省・特許庁 産業競争力とデザインを考える研究会.

http://dschool.stanford.edu/（最終閲覧日 2021 年 1 月 20 日）

2章

石井淳蔵，嶋口充輝，栗木契，余田拓郎（2013）『ゼミナール マーケティング入門 第 2 版』日本経済新聞出版社.

ラッシュ，R., S. バルゴ（2014）『サービス・ドミナント・ロジックの発想と応用』（井上崇通 監訳，

庄司正人，田口尚史 訳）同文舘出版.

Bitner, M. J., B. H. Booms, and M. S. Tetreault (1990), "The Service Encounter: Diagnosing Favorable and Unfavorable Incidents," *Journal of Marketing*, 54 (1), 71-84.

Bitner, M. J. (1992), "Servicescapes: The Impact of Physical Surroundings on Customers and Employees," *Journal of Marketing*, 56 (2), 57-71.

Bitner, M. J., S. W. Brown, and M. R. Meuter (2000), "Technology infusion in service encounters," *Journal of the Academy of Marketing Science*, 28 (1), 138-49.

Booms, B. H. and M. J. Bitner (1981), "Marketing Strategies and Organization Structures for Service Firms," In J. H. Donnelly and W. R. George (eds), *Marketing of Services*. American Marketing Association, Chicago, 47-51.

Heskett, J. L., T. O. Jones, G. W. Loveman, W. E. Sasser, and L. A. Schlesinger (1994), "Putting the Service-Profit Chain to Work," *Harvard Business Review*, 72 (March-April), 164-70.

Zeithaml, V. A., M. J. Bitner, and D. D. Gremler (2013), *Services marketing: integrating customer focus across the firm*, 6th ed., New York: McGraw-Hill/Irwin.

Zeithaml, V. A., A. Parasuraman, and L.L. Berry (1985), "Problems and Strategies in Services Marketing," *Journal of Marketing*, 49 (2), 33-46.

3 章

オスターワルダー，A.,Y. ピニュール（2012）『ビジネスモデル・ジェネレーション ビジネスモデル設計書』（小山龍介 訳）翔泳社.

オスターワルダー，A. 他（2015）『バリュー・プロポジション・デザイン 顧客が欲しがる製品やサービスを創る』（関美和訳）翔泳社.

川喜田二郎（1967）『発想法』中公新書.

クリステンセン，C. M. 他（2017）『ジョブ理論 イノベーションを予測可能にする消費のメカニズム』（依田光江 訳）ハーパーコリンズ・ジャパン.

清水信年（2020）「製品のマネジメント」（石井淳蔵，廣田章光，清水信年 編著『1 からのマーケティング第 4 版』（碩学舎，第 4 章）.

「日経産業新聞」（2018 年 8 月 27 日）

「NewsPicks」"「BOSS」秘話③"（2017 年 12 月 16 日）

4 章

井登友一 他（2016）『UX×Biz Book ―顧客志向のビジネス・アプローチとしての UX デザイン』マイナビ出版.

佐藤郁哉（2006）『フィールドワーク―書を持って街へ出よう（ワードマップ）（増訂版）』新曜社.

ザルトマン，G.（2005）『心脳マーケティング 顧客の無意識を解き明かす（Harvard Business School Press)』（藤川佳則，阿久津聡 訳）ダイヤモンド社.

Martin, B., B., Hanington (2013)『Research & Design Method Index ―リサーチデザイン，新・100 の法則』（郷司陽子 訳）ビー・エヌ・エヌ新社.

5 章

浅田和実（2006）『図解でわかる商品開発マーケティング―小ヒット＆ロングセラー商品を生み出す
　マーケティング・ノウハウ』日本能率協会マネジメントセンター.
Cooper, A. 他（2008）『About Face 3 インタラクションデザインの極意』（長尾高広 訳）アスキー・
　メディアワークス.
グレイザー，B. G., A. L. ストラウス（1996）『データ対話型理論の発見―調査からいかに理論をうみ
　だすか』（後藤隆，水野節夫，大出春江 訳）新曜社.

6 章

OCHABI Institute（2020）『コンセプトが伝わるデザインのロジック』ビー・エヌ・エヌ新社.
高井紳二（2014）『実践ペルソナ・マーケティング―製品・サービス開発の新しい常識』日本経済新
　聞出版.
玉樹真一郎（2012）『コンセプトのつくりかた』ダイヤモンド社.

7 章

デボノ，E.（2015）『水平思考の世界』（藤島みさ子 訳）きこ書房.
西川英彦，廣田章光 編著（2012）『1 からの商品企画』碩学舎.
ヤング，J. W.（1988）『アイデアのつくり方』（今井茂雄 訳）TBS ブリタニカ.
「日経ビジネス」（2018 年 9 月 3 日）pp.48-5.
「日経ビジネス」（2019 年 6 月 10 日）pp.39-40.
小林製薬ホームページ.
https://www.kobayashi.co.jp/contribution/employee/management.html（最終閲覧日 2021 年 1 月 20
　日）
ハッソ・プラットナー・デザイン研究所（2012）『デザイン思考家が知っておくべき 39 のメソッド
　―Design Thinking Bootcamp Bootleg』（柏野尊徳 監訳）Eirene Management School.
https://designthinking.eireneuniversity.org/39（最終閲覧日 2021 年 1 月 20 日）

8 章

オスターワルダー，A.,Y. ピニュール（2012）『ビジネスモデル・ジェネレーション ビジネスモデル設
　計書』（小山龍介 訳）翔泳社.
サヴォイア，A.（2019）『Google X スタンフォード NO FLOP！　失敗できない人の失敗しない技術』
　（石井ひろみ訳）サンマーク出版.
ベルガンティ，R.（2017）『突破するデザイン―あふれるビジョンから最高のヒットをつくる』（立命
　館大学経営学部 DML 訳）日経 BP 社.
マッケルロイ，K.（2019）『デザイナーのためのプロトタイピング入門』（安藤貴子 訳）ビー・エヌ・
　エヌ新社.

9章

ケイン，G. C. 他（2020）『DX（デジタルトランスフォーメーション）経営戦略』（三谷慶一郎 他監訳）NTT 出版.

ベイカレント・コンサルティング（2017）『3 ステップで実現するデジタルトランスフォーメーションの実際』日経 BP 社.

Kane, G. C., D. Palmer, A. N. Phillips, D. Kiron, and N. Buckley (2016), "Aligning the Organization for Its Digital Future," *MIT Sloan Management Review*, RESEARCH REPORT SUMMER.

Kane, G. C., D. Palmer, A. N. Phillips, D. Kiron, and N. Buckley (2017), "Achieving Digital Maturity," *MIT Sloan Management Review*, RESEARCH REPORT SUMMER.

Ross, J. W., et al. (August 2019), "Creating Digital Offerings Customers Will Buy," *MIT Sloan Management Review*, (sloanreview.mit.edu/x/61103).

10章

シャイン，E. H.（2012）『組織文化とリーダーシップ』（梅津祐良，横山哲夫 訳）白桃書房.

原田順子，若林直樹（2020）『新時代の組織経営と働き方』（放送大学テキスト）放送大学教育振興会.

ハリシキヴィッチ，I.（2019）『実践デザインマネジメント』（篠原稔和 監訳）東京電機大学出版局.

ポーター，M. E., M. R. クラマー（2011）「経済的価値と社会的価値を同時実現する 共通価値の戦略」『DIAMOND ハーバード・ビジネス・レビュー』2011 年 6 月号，ダイヤモンド社.

ララウニス，S.（2020）『詳説デザインマネジメント』（篠原稔和 監訳）東京電機大学出版局.

ワイク，K. E.（2001）『センスメーキング イン オーガニゼーション』（遠田雄志，西本直人 訳）文眞堂.

Mager, B.（2017）Meet Birgit Mager, President of the Service Design Network.
https://www.service-design-network.org/community-knowledge/meet-birgit-mager-president-of-the-service-design-network（最終閲覧日 2021 年 1 月 20 日）

エピローグ

廣田章光，日経ビジネススクール（2019）『大塚正富のヒット塾　ゼロを 100 に』日本経済新聞社.

Komisar R. (2001), *The Monk and the Riddle: The Art of Creating a Life While Making a Living*, Harvard Business Review Press.

Dyey, D., F. Dalzell, R. Olegario (2003), *Rising Tide: Lessons from 165 Years of Brand Building at Procter & Gamble*, Harvard Business Review Press（前平謙二 訳『P&G ウェイ』東洋経済新報社）.

経済産業省（2019）「「DX 推進指標」とそのガイダンス」.
https://www.meti.go.jp/press/2019/07/20190731003/20190731003-1.pdf?_fsi=puwJWHC5（最終閲覧日 2021 年 1 月 20 日）

総務省（2019）「情報通信白書」.
https://www.soumu.go.jp/johotsusintokei/whitepaper/ja/r01/html/nd231120.html（最終閲覧日 2021 年 1 月 20 日）

National Accounts-Analysis of Main Aggregates.
https://unstats.un.org/unsd/snaama/（最終閲覧日 2021 年 1 月 20 日）

索 引

さ行

索　引

ま行

や・ら・わ行

廣田章光（ひろた　あきみつ）

近畿大学 経営学部 商学科 教授
神戸大学大学院 経営学研究科 博士後期課程修了。博士（商学）。
スタンフォード大学 客員教授（2013 年〜14 年）
カリフォルニア大学 客員研究員（14 年）
（公財）神戸市産業振興財団 理事
日本マーケティング学会 理事
大阪商工会議所 スポーツ産業振興委員会 副委員長（18 年 3 月
〜）

株式会社アシックス入社後、スポーツ工学研究所、スポーツ・健康分野における新規事業開発、経営企画室を経て、アパレル事業部のマーケティング部門設立責任者を担当。08 年から現職。
13 年〜14 年　スタンフォード大学 Mechanical Engineering CDR（Center of Design Research）に所属しデザイン思考、スタートアップの研究を行う。

専攻は、マーケティング論、製品イノベーション論、デザイン思考。
主な著書に、『1 からのブランド経営』（共編著、碩学舎、21 年）、『1 からのマーケティング（第 4 版）』（共編著、碩学舎、2020 年）、『デジタル社会のマーケティング』（中央経済社）2019 年）、『大塚正富のヒット塾　ゼロを 100 に』（共編著、日本経済新聞出版社　2018 年）、『1 からのマーケティング・デザイン』（共編著、碩学舎、2016 年）、『1 からの商品企画』（共編著、碩学舎、2012 年）『中小企業マーケティングの構図』（共編著、同文館出版、2016 年）。

布施匡章（ふせ まさあき）

近畿大学 経営学部 経営学科 教授。名物教員。
大阪大学大学院 経済学研究科 博士後期課程修了。博士（経済学）。
経営情報学会 理事
地区防災計画学会 理事
大阪府個人情報保護審査会 委員

一般財団法人関西情報センター研究員として、関西企業・自治体の情報化進展度と課題を調査する『e-Kansai レポート』を企画・担当。同センター主催の「IT 部門からの新事業創出手法」サービスデザインセミナー講師。その他各種委託調査等を手掛ける。
13 年より近畿大学 経営学部 経営学科 准教授
19 年より現職。

専攻はサービスデザイン、経営情報論、実証分析。
著書は『ビジネスをデザインする』（足立辰雄 編、ミネルヴァ書房　2016 年）

DX時代のサービスデザイン
―「意味」の力で新たなビジネスを作り出す

令和3年3月31日　発　　　行
令和3年6月30日　第2刷発行

編著者　　廣　田　章　光
　　　　　布　施　匡　章

発行者　　池　田　和　博

発行所　　丸善出版株式会社
〒101-0051 東京都千代田区神田神保町二丁目17番
編集：電話(03)3512-3266／FAX(03)3512-3272
営業：電話(03)3512-3256／FAX(03)3512-3270
https://www.maruzen-publishing.co.jp

ⓒ HIROTA Akimitsu, FUSE Masaaki, 2021

組版印刷・製本／藤原印刷株式会社

ISBN 978-4-621-30605-5 C 0034　　　　　Printed in Japan

JCOPY 〈(一社)出版者著作権管理機構 委託出版物〉
本書の無断複写は著作権法上での例外を除き禁じられています．複写
される場合は，そのつど事前に，(一社)出版者著作権管理機構(電話
03-5244-5088，FAX 03-5244-5089，e-mail：info@jcopy.or.jp)の許諾
を得てください．